上司は思いつきでものを言う

橋本 治

Hashimoto Osamu

a pilot of wisdom

目次

第二章　会社というもの

編集協力／K&K事務所

はじめに

この本のタイトルは、最初『サラリーマンの欠点』となるはずでした。ある時、「あ、そうか、これが日本のサラリーマンの欠点だ！」と、私の頭になにかが閃《ひらめ》いたからです。それがなんだったのかは、もう忘れてしまいました。『サラリーマンの欠点』という本を書こうとしていた私が、もっと重要なことを思いついたからです。

これもまた、ある時です。若いサラリーマンが、仕事のことでなにかをグズグズ言っていました。それを聞いて私は、「あ、これは上司が思いつきで勝手なことを言っているだけだ。こいつは、それに振り回されているだけだ」と思いました。そう思って、「ほんとにそうだ」と、改めて事の重大さを確認しました。日本のサラリーマンにいかなる欠点があろうとも、「上司が思いつきでしかものを言わない」という組織的な欠陥に比べれば、そんなことはどれほどのことでもあるまいと、思ったのです。

それで、『サラリーマンの欠点』というこの本のタイトルは、一度『サラリーマン社会の欠点』に変わりました。

日本のサラリーマンは、自虐的にものを考えるのが好きです。そんなところに、『サラリーマンの欠点』というタイトルをぶつけてもしかたがありません。内向してより自虐する人の数を増やすか、ただそっぽを向かれるだけです。日本のサラリーマンは、真面目になると自虐に走って、だからこそこれを警戒して、必死になって「真面目になるまい」という努力をする人もいます。そういう現実相手に、『サラリーマンの欠点』を言ってもむだでしょう。事は、組織的な問題なのです。

だから私は、『サラリーマン社会の欠点』というタイトルを考えました。そして、あれこれと面倒なことを考え始めました。私には、「本とはかくもあらねばならぬ」と考えてしまう因果な性向があって、どうしてもあれこれを考えます。そうして、私の本は面倒な本になるのです。「それではいかん」と思いました。

肝腎なことは、「上司は思いつきでものを言う」です。このことは、感じる人なら誰でも感じています。あるいは「薄々と」だったり、「公然と」だったり。でも、それは表沙汰になりません。その事実は、ウサ晴らしのヤケ酒の中に解消されてしまうからです。だから、日本の社会は因循《いんじゅん》姑息《こそく》な停滞の中で、無駄なぐるぐる回りを続けるのです。

だとしたら、この私のすることは、まず「上司は思いつきでものを言う」という重大な一行を表沙汰にして、世にひそやかなるショックを与えることではなかろうかと、思いました。

ふと立ち寄った本屋の店頭で、『上司は思いつきでものを言う』の一行に出合ったら、「おお……」となる人はいくらでもいるでしょう。「自分はもう、暗い孤独な愚痴の中でそれを言って、自虐の泥沼に沈まなくてもよいのだ」と思う人も出て来るはずです。それが日本の活性化につながることだと思って、私はこのタイトルを選びました。

「上司は思いつきでものを言う」は、この本の第一章のタイトルでもあります。第二章以下は、それをうけての面倒な話で、「サラリーマンの欠点とサラリーマン社会の欠点」とか、きっとまァそんな話です。もしかしたら、もっと面倒臭い話です。「どうでもいいや」と思ったら、途中で放り出してもらってかまいません。肝腎なことはただ一つ、「上司は思いつきでものを言う」です。「上司」に「オヤジ」のルビを振ってもらってもかまいません。上司《オヤジ》は、思いつきでものを言うのです。「上司」に「おんな」のルビを振ってもらってもかまいません。どっちにしろ同じです。要は、組織上の問題だからです。

第一章　上司は思いつきでものを言う

一　「思いつきでものを言う」を考えるために

思いつきで生きている男

「上司は思いつきでものを言う」のでありますが、もちろん、こんなことは話のとば口でしかありません。「思いつきでものを言う」とはいかなることなのか——このことを理解しなければ、「思いつきでものを言う」を第二の天性にしてしまっている上司には勝てません。それでまず、「思いつきでものを言う」とは、いかなることなのかです。

　かく言う私は、「思いつきでものを言う男」です。そのことは、この本の一番最初を見れば分かります。なにしろこの私は、「あ、そうか、これが日本のサラリーマンの欠点だ！」と閃いて、それをさっさと忘れてしまったのです。忘れて平気で、「『上司は思いつきでものを言う』というタイトルの本にしよう」と公言しているのですから、こんなもの「思いつきでものを言う」の典型みたいなものです。

　もちろん、それで私は恥入る気なんてありません。「自分の商売は思いつきがなければやっていけない商売だ」と、私は思っております。時々は、「自分は思いつきだけで生きてるなァ」と思って嬉しくなります。私は「思いつきでものを言う」を通り越して、「思いつきだけで生きている男」です。

私の書いた本で『嘘つき映画館　シネマほらセット』（河出書房新社刊）というのがあります。映画雑誌に連載していたのを単行本にしたものですが、これは「この世には存在しないウソの映画」を五十本近く紹介するというものです。アントニオ・バンデラスの『丹下左膳』とか、特撮映画の『ゴジラvs金日成』とか、「そういうバカげた映画があったらいいな」という発想の下で書かれた、初めから終わりまでウソだらけの本です。

そういうものを書くというのは、つまりは、くだらない思いつきを炸裂させ続けるということで、私にはピッタリの本です。「なんでこんなバカげたこと考えつくの？」と人に問われて答えることとは、「いつもそんなバカげたことばっかり考えてるから」で、「思いつきだけで生きている男」は、ちゃんといるのです。

そういう私の言うことですから、そうそう油断は出来ません。

思いつきと、アイデアと

「思いつきだけで生きている」というのは、かなりオーバーで曖昧《あいまい》な表現です。話をおもしろくするために存在しているような言葉で、あまり正確ではありません。

「思いつきだけで生きている」は、普通、「だからろくでもない人生を送っている」という否定的な方面へつながります。これを肯定的にとらえるためには、「思いつきだけで生きていけるようにする」という努力が必要なのです。つまり、「思いつきを形にする」という努力です。形にしないと、「思いつきだけでものを言っている」と、人に非難されることになります。形にしないと非難され、形にすると「アイデア豊富な人だ」と評価されます。それが、「思いつき」です。

「アイデア豊富」ということになると、これは「才能がある」という方向に解釈されて、なんだか特別いいことのように思われますが、「アイデア豊富」だけだと、「思いつきだけで生きている」になりかねません。だからこそ、「アイデア倒れ」という言葉だって、この世には存在しているのです。

　初めはなんでもない——それを、きちんとした形になるように努力する。その努力が中途半端だったりいい加減だったりすると、「アイデア倒れ」と言われます。

「アイデア」も「思いつき」も、初めは「なんでもない」ということで一つです。重要なのは、それを「形にして行く」というプロセスにあって、だからこそ、「このアイデアは形になりうるか？　この思いつきは形になりうるか？」の見極めが大事なのです。

　ということになったら、アイデアや思いつきは、ゴマンとなければなりません。「思いつきはしたものの、形にならずに捨てられたアイデア」は、いくらでもあるからです。世間の人は、ここを誤解します。「形になったものがアイデアで、形になれなかったものが思いつきだ」などと。そんなことを考えているから、「思いつきだけでものを言う上司」にだまされるのです。アイデアも思いつきも同じもので、どちらも本来は、形になる前の、形にするための足がかりの一つなのです。「一つでしかない」と言えば否定的なニュアンスが漂い、「一つなのです」と言えば肯定的に解釈出来る——所詮はそんなものです。

「よーく考えて」の罠

この本は別に、「あなたの創造性を高める本」じゃありません。「停滞した日本のサラリーマン社会はなんとかならないのかよ?」を考察する本です。それなのになんだって、「思いつきとアイデアは、そもそも同じものである」なんてことを言わなくちゃならないのかと言えば、それは、あなたがあまりにも真面目すぎるからです。あなたは、「真面目な回路」で思考をする。それに対して、「思いつきだけでものを言う上司」は、それを超えた「真面目じゃない回路」で思考をするのです。だから、あなたはそのテの上司にやすやすとだまされて、ヤケ酒をあおらなければならないのです。ちょっと考えましょう。

日本人は、子供の頃から「よく考えて」とか「よく考えてみよう」とか「よく考えろ!」ばかりを言われています。「よく考える」とは、「思考を集中して真面目に考える」です。子供は好奇心があちこちに走って、なかなか思考に集中出来ないので、大人にこんなことを言われます。ところがしかし、「よーく考えよう」ですんでしまうのは、答がはっきりして決まっている「算数の計算問題を解く」とか、そんなことだけです。「なにを考えるか」の問題が決まっていて、その「答」も決まっているんです。だから、「よく考えれば分かる」なんです。大人にそれを言われて、子供は「よーく考える」を思考の中心に置きますが、しかしどうでしょう？　世の中で、そんな単純な「よく考える」が通用するでしょうか？

会社で、「アイデアを出せ」と言われます。そこであなたは、「よく考える」をします。思考の幅は狭まり、思考への集中力だけは高まります。でも、それだけです。

あなたに与えられた問題は、「なにかアイデアを出せ」です。上司がそう言う以上、「出せ」という側に「よいアイデア」はないのです。「問題」はあるけれど、でも「答」はない——これが世の中です。学校での「よーく考えよう」は、通用しません。

大人になったあなたが「よく考えて下さい」という決断を迫られる時は、あまりいい時じゃありません。悪いセールスマンは、「よくお考え下さい」と言います。悪くなくても、自分の利益を考える人は、「よく考えて下さい」と言って、相手を説得します。どうしてかというと、「よく考えて下さい」と言って相手に決断を迫る側は、自分の都合のいいように、相手の思考の方向をあらかじめ設定してしまっているからです。「我々の誘導通りにお考えになれば、あなたは損をしないのです」というガイドラインが設定されているからこそ、「よくお考えになって下さい」という勧誘が成り立つのです。

問題を出す側が、あらかじめその答を知っている――だから、「よく考えて」は勧誘の言葉になるのです。

「ちょっと考えさせて下さい」と言って、すごくいっぱい考える

私にとって「よく考えろ」は、「お前はバカか？」の同義語です。簡単に分かることなのに、思考が散乱しているから、目の前にある分かりきった答が見えない――だから、「よく考えてみな」と言う、言われる。それはつまり、「お前はバカか？」と同じなのです。

私なんか、人に「よく考えてみィ」と言う時には、その後に必ずと言ってもいいほど、「バカじゃないの」の言葉を用意しています。「すごく重大なことが考えられないからバカ」ではなくて、「すごく簡単なことが考えられないからバカ」です。「よく考えろ」は、そういう種類の言葉です。

これとは逆なのが、「ちょっと考える」です。深刻とか重大とか、それこそよく考えなくちゃいけない問題にぶつかった時、私は、「ちょっと考えさせて」と言います。もしかしたら、あなたもそうじゃありませんか？

「ちょっと考えてみなよ」と人に説教する時、私の話はとめどもなく長くなります。問題の起こった由来から、その問題が存在する現状、そして、「こういう問題が起こった時には、一般的にどのように対処すべきなのか」から始まって、ともかく、エンエンとです。「おい、ちょっと考えてみろよ」という前置き付きで、エンエンと説教をされた経験が、あなたにはありませんか？

「おい、よく考えてみろ」で始まる説教は、実のところ、「あ、そうか」が簡単に分かる話です。分かった後でもその説教が長かったら、それはただ相手が「くどい」のです。それに対して、「おい、ちょっと考えてみろよ」で始まる説教は、すぐに中身が分かりません。「一体この人はなにが言いたいんだろう？」と思いながら、エンエンと先の見えない話を聞かされる――それが、「おい、ちょっと考えてみろよ」の説教です。

たとえば、自分達の出した提案が相手に拒絶されて、「それでは、一度持ち帰りまして、改めてまた――」なんてことを言わざるをえなくなった時、自分の本拠に戻ったあなたはどんなひとりごとを言いますか？「ちょっと考えなきゃなんないな」とぼやきませんか？　相手には「よく考えまして」と言っても、その本音は、「ちょっと考えなきゃな」になっていませんか？

もちろん、それでいいんです。「よく考える」と「ちょっと考える」は、その言葉の表面とは正反対の内実を持っているのです。

「答」は相手が握っている

「よく考える」は、思考を集中させて考えます。これに対して「ちょっと考える」は、思考を拡散させて考えます。だから、「ああだ、こうだ」と、いろいろな考えが浮かんで来ます。「集中せよ」のプレッシャーがない分だけ、思考が自由なんです。自由だから、「ちょっと」の軽さになるんです。

ところでしかし、自分の出した提案が拒絶されて、「一度持ち帰りまして――」なんてことになったら、考えなきゃいけないプレッシャーは強くなるはずです。ところがしかし、「持ち帰りまして――」で自分の本拠地に帰って来ると、「ちょっと考えなきゃな」の言葉がつい洩《も》れてしまいます。相手には、「よく考えまして」なんてことを言っているにもかかわらず。

これはどうしたことなんでしょう？　実は、ここに「よく考える」と「ちょっと考える」の謎――言ってみれば、「根本動機」が隠されているのです。

いいですか？　「よく考えろ」と言われる時、それを言う相手は、「答」を知って分かっているのです。それで、「なんでこんな簡単なことが分からないんだ」が続きます。あなたの「よく考える」という思考パターンは、そういう外からの「よく考えろ」の声によって形成されたもんなのです。このことを肝に銘じておいて下さい。

悪いセールスマンは、「よーくお考え下さい」と言います。提示された問題が「簡単」なのか、「むずかしい」のか、実のところよく分かりません。はっきりしているのは、「よーくお考え下さい」と言う悪いセールスマンが、その「正解」を握っているということです、あなたは、そうなるような誘導に乗っているのです。そして、そうあっても不思議はないように、あなた自身も考えてしまっているのです。なぜかと言えば、「〝よく考えろ〟と言われた時、その答は、言った相手が握っている」と、あなたが思い込んでいるからです。

「よく考えてみろ」と、誰かから命令口調で言われたとします。言われてあなたは、その「答」が分かりませんでした。分からないので、あなたは相手に聞きます――「分からないんで答を教えて下さい。どう考えたらいいんですか?」などと。

あなたがそう言って、相手から、「俺は答なんか知らん。お前が勝手に考えろ」と言われた時、あなたはどう思いますか? ムッとしませんか? 「なんて無責任なんだ、自分で答の分からない問題を押しつけるなんて」と思いませんか?

あなたがムッとなるのは、相手の言い方ではなくて、相手が「正解」を知らないでいるそのことに対してなのです。つまり、「よく考えろ」と言われたあなたは、「この問題の正解は相手が知っているんだ」と思い込んでいるのです。そういうあなたにとって、「よく考える」は、

「相手が握っている答はなにかを当てる」なんです。つまりは、〇か×かの二択みたいなもんなのです。

だから、「集中」が必要なんです。「よく考える」をもっぱらにしてしまって、いつの間にかあなたは、そういう習慣を身につけてしまっているのです。

相手の立場《メリット》、自分の立場《メリット》

「よく考える」の「よく」は、その問題の難易度に関してではなく、いつの間にか「相手への忠誠」になってしまっています。

だから、自分の出した提案が相手に拒絶されてしまった場合、「よく考えまして——」と言います。よく考えるのは、その提案を拒絶した相手の立場です。相手の「立場」であり「メリット」です。「どういう案を提出したら、この人は納得してくれるのだろう？」と、あなたは考えているのです。

ところが、その「よく考えまして——」が「一度持ち帰りまして——」になって、あなたが自分の本拠に帰って来ると、変わります。今度は、「ちょっと考えなきゃな」です。目の前に気むずかしい相手がいなくなったから、あなたは「自分の立場《メリット》を考えよう」と思って、「ちょっと考えよう」と思うのです。

もしも、その提案を拒絶した相手がそんなにもえらくなく、気むずかしくもなく、フランクに話が出来るような相手だったら、あなたは、「一度持ち帰りまして――」なんてことを言う前に、その場で「ちょっと考えさせて下さいよォ」と言っているはずです。それはつまり、「私の立場も考えて下さいよ」のはずなんです。そうでしょう？

「ちょっと」は、それを考える自分の立場《メリット》、「よく」は、その問題を出す相手の立場《メリット》。日本人はそのように、「ちょっと考える」「よく考える」を、頭の中で使い分けているのです。「よく考える」が「相手への忠誠」になってしまっているのは、「よく考える」と「ちょっと考える」が、敬語における「尊敬」と「謙譲」の関係になってしまっているからなのです。

相手の都合なら「深く、よく、いっぱい」考えて、自分の都合は「ほんのちょっと」で軽い――これって、相手の立場を持ち上げて自分の立場を貶《おと》しめる、「尊敬」と「謙譲」の関係と同じですね。

真面目なあなたは損をする

というわけで、話を本筋に戻しましょう。本筋とは、「どうして上司というやつは、思いつきでものが言えるのか？」という考察です。

たとえば、あなたは会社の上司から、「なんかアイデアを出せ」と言われます。

先に言いました通り、ここに「正解」はありません。「正解」はなくて、あなたは自由に、あれこれと考えなければなりません。だから、あなたは考えます。真面目なあなたは、真面目に一生懸命、よく考えます。すると、あなたの思考の方向はどこへ行くでしょう？

もちろんあなたは、「あれこれ」と考えているのです。「あれこれ」と、考えようとしているのです。そうはしようとしているのですが、その途中で、あなたの思考は、どこか一ヵ所へグイッと引っ張られます。そうじゃありませんか？　あなたは、思考に集中するつもりで、でもいつの間にか、思考に集中させられている。そんなことってありませんか？

そうなる理由は簡単です。あなたがその思考を始めたのが、上司から「なんかアイデアを出せ」と言われたからです。あなたは、上司の言ったことをガイドラインのようにして、ものを考えているのです。

「あれこれ」を考えようとするあなたの思考の中心には、「なんかアイデアを出せ」と言った上司がいます。そして、真面目なあなたの思考は、そこへグイッと引っ張られるのです。真面目な人であればあるほど、そうです。あなたはいつの間にか、「このアイデアは上司の気に入るアイデアかどうか？」を考え始めているのです。

その上司は別に、「俺の気に入るアイデアを出せ」と言ったわけじゃありません。ただ、「なんかアイデアを出せ」と言ったのです。ところが、真面目に一生懸命「よく考える」をするあなたは、いつの間にか、「この正解は上司が握っている」と思い始めてしまうのです。

「なんかアイデアを出せ」に「正解」はありません。でも、「よく考える」をする真面目なあなたは、その思考の道筋に従い、のっとって、それを言った上司の中に「正解」を思い描こうとするのです。「自由にあれこれ」を考えるつもりで、あなたの思考には、「上司はどう言うかな？」の枷《かせ》がはまっています。あなたの思考は自由に飛躍することなく、その初めから萎縮しているので、ろくなアイデアは出ません。「上司の思惑」を忘れ、一時あなたが自分の思考を自由にはばたかせて「いいアイデア」を考えついたにしても、その着地点には、「なんかいいアイデアを出せ」と言った上司が待ちかまえているのです。あなたは、「それをこそ大事」と思っているのです。

その上司は、ろくな思考能力を持たない人間かもしれません。単なる思いつきの「口から出まかせ」程度のことで、あなたのアイデアを却下してしまいます。そうなってもあなたは、根本のところで、「正解は〝アイデアを出せ〟と言った上司が握っている」と思い込んでいます。それは、あなたが「よく考える」をするからです。

あなたの思考の根本にそれがある限り、上司は言いたい放題です。あなたのアイデアは、上司の思いつきでケチをつけられ、却下の運命をたどります。

あなたは、自分の頭の悪さを呪うか、上司の頭の悪さを呪うか、どちらかをします。しかもそれを、公然とではなく、こっそりとします。どうして「こっそり」になるのかと言うと、あなたが、そうなってしまった運命——そうなってしまう運命の因果関係をよく理解していないからです。

ヤケ酒の末に、「チクショー、思いつきでもの言いやがって！」と言ったとしても、それはあくまでも酔った上のことで、あなたは根本のところで明確に、「上司は思いつきでものを言う」の構造を理解してはいません。もちろん、あなたがその上司を、「正解の鍵を握っている人」と思い込んでいることも。だから、「上司は思いつきでものを言う」が、表沙汰にならないのです。

表沙汰にならない理由は、すぐに「よく考える」をしてしまうあなたの中にもあります。もちろんです。しかし、そんな重大な欠陥がなぜ見過ごされているのかというと、これはまた別です。事の最大の理由は、「上司は思いつきでものを言う」が公然と放置されている、サラリーマン社会の構造そのものにあるのです。

二　いよいよ「上司は思いつきでものを言う」

それでも、上司は思いつきでものを言う

ここまで来たあなたは、以前よりいささか頭がよくなっています。「よく考える」で思考を集中すると、「自分」ではなく「相手」の思惑にはまってしまう危険性があると、承知しています。そして、上司から「なんかアイデアを出せ」と言われます。

そこであなたは、「よく考えるの罠」にはまらないようにして、「なんかアイデアを出せ」と言った上司のことを頭から追い出して、自由にあれこれを考えます。「これか！」と思うようなアイデアに出くわして、自分なりに練り上げます。あなたは、自分のアイデアを形にすることに（珍しく）集中して、それこそ本当に「よく考える」をしました。そうして、自分でも「これはいい！」と思えるようなアイデアを、ちゃんとした企画書の形にすることに成功しました。

あなたは、「これは我ながら完璧だ」と思っていて、「今までの自分とは違う」と思っていて、「もしも上司がつまらない突っ込み方をしても、全部きちんとはね返せる」と思っています。それで通れば、なにも問題はありません。ところが、会社という不思議なところでは、ここに

奇妙な問題が起こってしまうのです。

そういう万全の態勢を整えていて、それでも自分の企画がぽしゃったという経験をお持ちの方はありませんか？　上司のクレームというのは、とんでもない、想像を絶したようなところから出て来て、「どんな突っ込みが出てもはね返せる」と思っていたあなたの自信は、いとも無残に崩れ果ててしまうのです。たとえば、「ああ、これはウチじゃ無理だな」とか。

「無理じゃない。ウチでもきちんと出来るように、あれこれを考えたんだ」とあなたが思っても、「もうちょっとちゃんと、ここんところを読んで下さいよ。ウチでも出来るように考えてるんですから」と言ったとしても、そこんところを、上司は読んでくれません。読んでも、「無理だよ」以外のことは言いません。理由を聞くと、「社長がこういうことは好きじゃないんだ」とか、「よそじゃこんなのやんないじゃん」とか、「でもウチじゃ無理だよ」とか、しょうもない理由です。「そんなんだったら、初めっから〝アイデア出せ〟なんて言わなきゃいいじゃねェか！」と、あなたがヤケ酒の末に口走ったとしても、あなたの提案は没で、上司の言う「しょうもない理由」は正しいのです。

話をもう少し具体的にしてみましょう。

あまりにも突飛すぎるこんな場合

たとえば、あなたの会社は、「埴輪の製造販売」を業務としています。もちろんこれは、「美術品としての埴輪」ではなくて、「副葬品としての埴輪」です。今時、こんなことはありえません。「古墳を作って人を葬り、そこに副葬品として埴輪を埋める」などということは、とうの昔に行われなくなっているのですから。

ところがしかし、あなたのいる会社は、その「古墳に埋められるための埴輪の製造販売（というか製造納入）を業務とする会社」なのです。「上司は思いつきでものを言う」という事実をあぶり出すためには、こういう突飛な例を設定して考えるのが一番です。

あなたの会社の業務内容は、あまりにも特殊で突飛です。「埴輪の製造販売」とは言いながら、これまであなたの会社は、「古墳を作らない一般の人に対して、埴輪だけを売る」ということをして来ませんでした。それで案の定、あなたの会社は、壁にぶつかっているのです。

あなたの会社は、「古墳を作る一般の人向けの、副葬品としての埴輪を作り、売る会社」です。それゆえにあなたの会社の人達は、「ウチは別に特殊な商売をしてるわけじゃないのになァ」と思っています。なんでそんなとんでもないことを考えるのかというと、「昔は、古墳を作って埴輪を埋めるのは、地方の豪族に限られていた。それが、一般の人が古墳を作って埴輪を埋めるというところまで広まったから」と考えているからです。

あなたの会社の上の方は、自分の会社はそういうもんだと考えて、「我が社には存在理由がある」と胸を張っています。「そんなとんでもない会社が今時あってたまるもんか」とお考えかもしれませんが、そうでしょうか？　これは、あくまでも突飛で極端な例ですが、でももしかしたらこれは、「ありえない」とはあながちに言い切れないものかもしれません。「突飛な話だからありえない」と考えてしまうのが常識ですが、物事には、突飛にすることによって見えて来ることだってあるのです。

そもまず不思議なのは、なんであなたが「古墳を作る一般の人向けの、副葬品としての埴輪を作って納める会社」なんていうところの社員になっているかです。そんな会社があったとしたって、まともな神経の持ち主なら、そんなところの社員になろうとは思わないじゃないですか。ところが世の中には、そうなってしまっている人が、いくらでもいます。「なんでそんなところにいるの？」と問われて、「いやー、入るまで、どんな会社かよく分からなかったんだ」とぼやいている人は、結構当たり前にいるではありませんか。

残念ながら、あなたは、そういう突飛な会社の社員です。会社の上の方は、「我が社の存在理由」を信じていますが、残念ながら、今時一般の人は、埴輪を埋めるための古墳を作ったりはしません。一般の人は、その昔から大規模な古墳なんて作ってやしません。そういう現実がありながら、あなたの会社の「上の方」は、「我が社の存在理由」を信じています。そして案の定、あなたの会社は、業績不振です。

業績不振になったあなたの会社の「上の方」は、その苦境を打開するため、「我が社の持てる伝統的な技術力、ノウハウを活かした新展開」を、案の定、口にし始めます。そこであなたは、「なんかアイデアを出せ」と命令されるのです——そういう突飛な状況をお考え下さい。

しょうがなく埴輪を売り出すために

「アイデアを出せ」と言われたあなたが考える方向は、おそらく二つあります。

一つは、古墳築造業者を巻き込んで、もう一度「夢のある古墳にご先祖様を」というキャンペーンを実施し、古墳そのものの需要を喚起することです。「副葬品としての埴輪」を業務内容にしているあなたの会社は、「古墳の築造」と連動しているのですから、古墳築造業者との連携なくして、あなたの会社の再起は考えられません。だから、この方向は正しいのですが、難点が一つあります。それは、「副葬品としての埴輪製造納入業者」のあなたの会社が危うい時、「古墳専門の築造業者」などというものが存在しているのかということです。

案の定、そういうものはありません。「自分のところに問題はない」と信じ込んでいる人は、時として「自分の外部」を見ません。見ないから、「古墳専門の築造業者」などというものが存在しなくなっていることを考えずに、「我が社の存在理由」を信じてしまえるのです。

それで、あなたの会社は「古墳」との訣別を前提にして、再起を図らねばなりません。これが、二つ目の方向です。

そこであなたは、埴輪そのものの利用法を考えます。答は簡単に出ます。埴輪を、部屋に飾る「美術品」として売り出せばいいのです。

埴輪は、造形的にすぐれています。発掘された古い埴輪は、既に「美術品」として本にも載っています。そのことはあなたも知っていて、「埴輪を作っている会社ならそんなへんな会社でもあるまい」と思って、この会社へ入ったのです。古墳時代でもないのに、「副葬品としての埴輪」なんていうものを作っている方がおかしいので、さっさと埴輪を「愛すべき美術品」として売り出せばいいのです。いっそもっと小さくして、「ハニワくん」とかいうものにしてしまえばいいのです。あなたはそう思って、その分かりきったことを会議で提案します。そして、そこから大問題が起こるのです。

あまりにもありふれた不条理

あなたは、「埴輪を美術品や装飾品として売り出しましょう」と言います。そして、それがいかに理にかなった当然のことで、「我が社の伝統と技術力を活かした最良の方法」であるかを力説します。

あなたの話を聞いて「うん、うん」とうなずいている人達もいます。あなたは、「自分の提案は通る」と確信します。既にあなたは、「だいたい、今まで〝副葬品としての埴輪〟なんて考え方に縛られてたこと自体がおかしいんだ」と思っています。提案説明を終えたあなたは既に勝利を確信していますが、そこにとんでもない伏兵《ふくへい》が現れます。上司の一人がおごそかな顔をして、「それはどうかな」と、異議を唱えるのです。

あなたは、自分の提案が却下されるなんてことを、夢にも思っていません。「この提案は通るだろうから、そうなった場合はこういう展開を」と、もうその先のことを考えています。だから、自分の提案に対して、「それはどうかな」などという異議が登場してしまうこと自体が信じられません。「一体このオヤジはなにを言おうとしているんだろう?」と思って、その奇ッ怪なる上司の方に顔を向けます。そして、とんでもないことを聞くのです。

その上司は、「埴輪を美術品として位置付ける」という、あなたの提案自体に疑問の意を表わします。その理由は、なんと、「埴輪というものは、部屋に飾る装飾品ではなく、古墳に埋められる神聖な副葬品だから」です。「死者と共にあってしかるべき物を〝部屋に飾る〟などというのは、いかがなものか」と、そのアホ上司は言うのです。

あなたは耳を疑います。そして、体のどこかから力が抜けて行くのを感じます。その上司の言うことは、既に提案の最初であなたの否定した、「埴輪はともかくとして、古墳の築造にはもう未来がない」ということを、あっさり無視しているからです。

「なに言ってやがんだ」と思いつつ、「もしかしたら、自分の説明に足りないところはあったかな？」と思うあなたは、しかたなく、話の根本から説明をし直します。

「今の日本には、古墳を作ろうと考える人間はいない。もうずっと前からいない。だから、副葬品という前提を捨てて、埴輪を独立した装飾品として考えるべきだ。埴輪にはそれだけの造形美があって、現に美術品として所有している人もいる。我が社は、それをリーズナブルな価格で提供出来るし、そのマーケットもある」などと、いささかくどいほどに説明をします。しかしあきれたことに、肝腎の上司は、「それはそうだが、しかし――」と言って、話をまったく呑み込まないのです。

「しかし」とか「でも」というのは逆説の接続詞ですが、しかし日本語には、これを、「相手の言うことを聞き流して自説を展開するための軽い間投詞の一種」とするような裏マニュアルもあります。そういう使い方を心得ている相手は、あなたがなにを言っても、「それはそうだが、しかし――」で、自説を覆《くつがえ》しません。「今の日本人は古墳を作りたがらないというのは、早計ではないかな」などと。

既にあなたの口調は喧嘩腰になっていて、「日本にはもう古墳の築造業者はいません！」など怒鳴りますが、「しかし」のオヤジはどこ吹く風で、「そうかもしらんが、○○建設は古墳くらい作れるだろう」とか、「古墳は日本の土木建築の原点だから、どこの土建業者でもそれは可能だ」なんてことを言います。「古墳築造業者と提携して、一般の人向けに〝もっと古墳を、もっと埴輪を〟のキャンペーンをした方がいいんじゃないか」と言います。そのオヤジの言うことは結局、「私は我が社の従来のあり方を変えたくない」なのです。

あなたは頭に来て、会社の業績不振に悩んでいる社長の顔を見ます。「我が社の技術力を活かした新展開を」なんてことを言い出したのは、その社長のはずです。「社長ならオレの言うことが分かるだろう」と思って、そのバカ上司の横に座っている社長の顔を見ます。するとどうしたことか、社長は沈痛な顔で腕組みを始めるのです。

あなたにはわけが分かりません。「我が社の技術力を活かした新展開」が、「美術品としての埴輪の製造販売」になることくらい、バカでも思いつきます。それなのに社長は、「バカ上司の言うことには一理ある」と言わぬばかりの顔付きです。「確かに、副葬品である埴輪を部屋に飾るのは問題かもしれん」などと、とんでもないことまで言い出します。

当然あなたは、「じゃ、どうすりゃいいんだよ！ そんなこと言うんだったら、〝我が社の技術力を活かした新展開〟なんて言うんじゃねェ！」とハラワタを煮えくり返してしまいます。一体、この会議はどうなるのでしょう？ 一座を沈黙が支配して、突然上司の一人が、「そうだ」と口を開きます。その言葉は、「いっそ、我が社もコンビニを始めたらどうでしょう」なのです。

ヒラの社員達は、全員で顔を見合わせます。「なに考えてんだ、このオヤジは？」です。しかし、そう思うあなたの耳には、またしても信じがたい声が飛び込んで来ます。「なるほど、コンビニはいいな」と、社長が言うのです。「それはいいかもしらんなァ」と、あなたの言うことを理解しなかったアホ上司も、声を揃えます。

それでどうなるのかというと、あなたの会社は今まで通り「副葬品としての埴輪の製造納入」を続けて、それと同時に、社内の空いたスペースにコンビニを開くのです。あなたは、「そのどこが〝我が社の技術力を活かした新展開〟なんだ！」とひそかに怒鳴りまくりますが、あなたの会社はコンビニを始めるのです。

あまりにもメチャクチャな話ですが、「上司が思いつきでものを言う」とは、実のところ、このようなものなのです。

上司が思いつきでものを言うための前提

このバカげたたとえ話の中で、「上司が思いつきでものを言う」に該当するのは、最終部の「そうだ、コンビニやろう！」と言い出すところですが、重要なのは、そこに至るまでのやりとりです。

あなたは「美術品として埴輪を作って売ろう」という、自分の会社のありようを前提にした、発展的な提案をします。ところがそれが、どういうわけか受け入れられず、会議は長い膠着《こうちゃく》状態に入ります。入ってそこで、ポンと手を叩かれた猫だまし状態が、「コンビニやろうぜ！」の思いつき提案です。「かくして思いつきはまかり通る」なのですが、そうなってしまうまでに至る理由は、その前段にあります。つまり、「あなたの建設的な提案は、なぜ上司に理解されないのか？」です。これが、一番の問題なのです。

別に、あなたがその上司から個人的に嫌われているわけではありません。嫌われているのかもしれませんが、それとこれとは話が別です。なぜ、「副葬品としての埴輪の製造納入」を業務とする会社の上司は、あなたの言う「美術品としての埴輪」という発想を理解しないのでしょう？

話は簡単です。あなたの持ち出した提案のなにかが上司を刺激して、あなたの提案に対する拒絶や嫌悪を生んだからです。

あなたは、「今の日本には、古墳を作ろうと考える人間はいない。もうずっと前からいない」と言います。それは、話の分からない上司に、自分達の置かれている状況を分からせんがためです。会社の未来を思うあなたには、悪気なんかありません。「この現状を押さえてこそ、建設的な展開はある」と考えています。ところが、それを言われる上司にとってはどうでしょう？「今の日本には、古墳を作ろうと考える人間はいない。もうずっと前からいない」ということは、それを言われる上司達にとっては、「その間、あなた達はなにをしてたんだ？」という、現状認識を怠った無能の責任を問う言葉にもなりうるからです。

もちろんあなたは、そんなことを言ってはいません。あなたの言うことは、「今まではともかく、これからは——」なんです。あなたは、「これから」という先のことしか考えていません。「今まで」のことなんか、どうでもいいのです。ところが、その話を聞かされる上司達は、「今まで」を生きていて、「これから」がまだよく理解出来ません。それで、上司達の聞く耳は、「これから」の方にではなく、「今まで」の方へ向いてしまうのです。

「今まであんた達が無能だったから、会社はここまで傾いた。だからオレが、あんた達にどうすればいいか教えてやる」——あなたの提案は、上司達の耳にはそう聞こえるのです。

もちろん、あなたはそんなことを言ってはいません。「会社のこれから」を考えて前向きの提案を考えるあなたの頭の中には、自分達の上司が無能かどうかという考えさえないのです。

ところが上司は違います。上司には、上司なりの立場もあるのです。

三　「上司」とはなんだ

上司の立場

上司達は、自分の無能とそれに由来する責任を認めたくありません。と同時に、あなたのような「下っ端の若造」にイニシアティヴを取られたくもありません。だから、あなたの言うことを否定しにかかるのです。「今の日本には、まだ古墳を作りたがっている人達はいくらでもいる。古墳の築造をする業者だっていくらでもいるはずだ」という主張は、そのためにあります。

上司の論点は、「我々は悪くない」を主眼にしています。「我々の会社の存在理由は、今でもまだ十分に保証されている。だから、我々の会社が傾いている責任は、我々にではなく、外部のどこかにある」です。アホ上司が「副葬品としての埴輪」に固執するのは、それが「我々の会社にはまだまだ存在理由がある」ということを保証する、最後の砦《とりで》になるものだからです。「我々は、自信を持って我々の会社のあり方を守って行けばいい。我々の会社を傾けた責任は、我々にではなく、我々の外部にあるのだ」です。

この考え方は、ある意味で重要な考え方です。「自分たちの置かれている状況を知る」は必要なことで、「外部」にだって責任はあるかもしれないのです。その「外部」に立ち向かって行くという考え方はとても重要なもので、ひたすらに自分を責めてばかりいる真面目人間は、時としてこの考え方を欠落させています。しかし、そういう真面目人間の内向がある一方で、その逆もあります。だからこそ、「外部の責任を問う――責任は我々になく、我々の外部にある」は、「責任逃れの責任転嫁」になってしまうのです。

案の定、「我々に責任はない」を言いたがる上司の話は、「あまり古墳を作ろうとしなくなった一般人が悪い」とか、「古墳の築造に熱心でなくなった建設業者が悪い」というような、現状無視の方へ進んで行ってしまいます。

外部は悪いのかもしれません。しかし、そんなことを言っていたって、あなたの会社の業績不振が改善されるわけではありません。だからあなたは、「なに言ってんだ、このオヤジは！」と思って、上司に突っ込んで行くのです。

突っ込まれて上司は、頑《かたく》なになります。どうしてかと言えば、あなたの突っ込むところすべてが、上司にとっては、「会社を傾かせたのは、あんたの無能だ！」と響いてしまうからです。これが、「上司の立場」です。

すれ違いの原点

上司は、「我々には責任がない」という、難攻不落の要塞《ようさい》に立てこもっています。なにを言っても勝てません。あなたの言うことはすべて、「それはそうだが、しかし――」の一言ではね返されてしまうのです。

「それはそうだが、しかし――」の一言は、実のところ、「我々（＝上司）には責任がない」へと続きます。それを見抜かなければ、あなたに勝利は訪れません。ところがしかし、あなたはそれを見抜けず、あなたに勝利は訪れないのです。なぜかという理由は簡単でしょう。つまり、「我が社の前向きな展開」を考えるあなたの頭の中に、「無能な上司の責任を問う」という発想がないからです。

もちろんあなたは、そんなことを問題にしようとも思いません。なにを考えているのかさっぱり分からなくて、「だが、しかし――」ばかりを連発している相手の頭の中を知ったら、なおのことでしょう。あなたの問題にしたいことは、「我々の会社を立て直す方法はある。だから、オレの言うことに耳を傾けてくれ」だけのはずです。あなたにとって、「上司の責任」とか「過去の怠慢」なんていうものは、どうでもいいことなのです。

あなたは、上司の責任を問いません。ただ、「オレの提案に耳を傾けてくれ」だけです。ところが、あなたの上司にとって、あなたの提案に耳を傾けることは、そのまま「今までの自分達の無能と怠慢を直視する」につながることなのです。だから、耳を傾けたくはないのです。

上司は耳を傾けない。そして、上司の責任を問う気のないあなたは、ただ自分の提案に耳を傾けてもらいたい——そういう不毛な議論のやりとりがあって、会議は結局、長い膠着状態へと突入してしまうのです。

あなたは上司をよく知らない

私の話は、かなりメチャクチャなものです。メチャクチャでも、「そうか……」とか「そうだったのか」と、うなずかれる方はいるでしょう。しかし、誤解をなさらないで下さい。私の言うことは、「上司はかくも責任逃れをする」ではないのです。

私のメチャクチャな話に登場する上司は、別に「今までの無能と怠惰」を追及されているわけではないのです。そうでしょう？　だからこそ、あなたと上司のやりとりは、もつれるのです。重要なのは、「無能や怠惰の責任を追及されているわけでもない上司が、なぜ先回りをしてそんなことを考えてしまうのか？」なのです。こういう謎が存在するからこそ、すべてはグチャグチャなんです。

上司がその無能を追及されて、それでもなんだかんだ言って自分の責任を回避したがるのなら、それは、「上司は責任を回避する」です。しかし、この話の上司は別に責任なんか問われていないのです。あなたはまず、この謎に気がつかなければなりません。話は、「上司は上司であるがゆえにバカだ」というような、そんな単純なものではないのです。

重要なことは、「我が社の主製品である埴輪の位置付けを変えよう」というあなたの提案が、会社の「今まで」を否定していることです。あなたにその気がなくても、これは、事実です。だからこそ、あなたに否定された「今まで」を担当していた上司達は、うろたえるのです。あなたにその責任を問う気がなくても、あなたの上司は、「問われたんじゃないか……」と勝手に思って、うろたえるのです。

あなたが「まさか」と思っても、うろたえる上司はうろたえます。あなたが「まさか」と思うのなら、そこであなたは、上司を誤解しているのです。

上司もまた「人」である

あなたは、会社の「今まで」をあっさり否定しました。そう力みもせず、そんなにあっさりと否定出来てしまったのは、「そう考えてもいいという合意は、既に全社的に出来上がっている」と、あなたが考えたからです。「そう考えなかったら、話は始まらないしな」、と思ったからです。

あなたのその考え方は、間違っていません。実は、あなたとの間で「相容れない激戦状態」を展開することになる上司にだって、そのことは分かっているのです。その大前提を理解すればこそ、問題の上司は、「それはそうだが、しかし——」と反撃をするのです。それだけの理解能力のない上司には、反撃なんか出来ません。あなたの提案を理解しない、結果として「理解出来ない」になってしまう上司は、相当以上に頭がいいのです。これが、上司に関する誤解の一つです。

あなたは、会社の「今まで」をあっさりと否定します。やがては反撃に出る上司も、このことだけはあっさりと認めています——もちろん「胸の内で」ではありますが。

会社の「今まで」をあっさりと否定してしまった上司は、そこから先、あなたの知りようのない考え方をするのです。それが、「あっさりと否定されてしまった会社の〝今まで〟の責任はどこにあるのか？」です。

その責任はどこにあるのか？　他ならぬ、それを理解する「自分」にあります。バカではない上司は、このこともすぐに理解して、そして、「バレたら大変だ」と考えて、未来における反撃の準備にとりかかるのです。

第二の誤解は、ここにあります。あなたは、上司を「バカだ」と思っていますが、バカではないのです。「良心に恥じる気はないのか？」と考えるかもしれませんが、バカではない上司は、あなたなんかよりずっと先に、「自身の良心に恥じる」をしているのです。だからこそ、うろたえるのです。つまり、上司もまた「人」なのです。

「ろくでもないもの」という思われ方をしている上司の人達はとても多くて、そういう人達は当然、「まともな人間性を持たない」くらいの扱われ方をしています（内心で、です）。彼等は、「人」である以前に「上司」で、「上司」という棚上げをされてしまうと、簡単に「人」であることが忘れられてしまいます。「上司」と「人」とが結びつくのは、「人として信じられないくらい頭が悪い」とか、そんな言われ方をする時くらいです。

しかし、上司もまた「人」で、頭だっていいのです。問題は、そのように「人」である上司が、会社という機構の中では、「人」である部分を見せなくなってしまう――見えなくなってしまう、そのところにあるのです。

「上司」とはいかなるものか

ただ「上司」と言われる立場に立たされてしまった人間は、「人である部分」が見えにくくなります。なぜかと言えば、「上司」と呼ばれるようになると、その立場上、「人としてのもろさ」が露呈しづらくなるからです。

「上司」の中にも、「人としてのもろさ」があります。でも、それを露呈してしまったら、立場上困ったことになります。だから、それをカヴァーする必要が生まれます。それを、さっさと自分でカヴァーしてしまうから、上司の「人間性」は見えにくくなるのです。

というとになると、「上司」なる人間の問題は、その「立場上」と言われるところにあることになります。では、上司を「上司」たらしめる「立場」とはなんでしょう？

「上司」というのは、「ヒラに対する管理職」ではありません。そういう考え方をしてもしようがないと言うのは、部下を持ち、その部下達から「上司」と呼ばれる人達にも、「その上の上司」がいるからです。

「上司」という言葉は、これに対する「部下」を強く喚起します。しかし、上司にもまた「上司」がいます。ヒラの社員は「ヒラ」で一色ですが、「上司」と呼ばれる人達は、「さまざまな上司達」が重なり合う「上司のピラミッド」の中にいるのです。

自分の上に「上司」を持たない上司は、会社のトップである社長だけで、それ以外の「上司達」は、すべて「部下に対しては上司であり、上司に対しては部下である」という、複雑な相互の関係の中にいるのです。

「上司」とは、「上司でありながらまた部下でもある」という二重性を持つもので、「上司」とは、ただ「下に対する立場」なのです。

「上司」とは、ただ「立場」である

「副葬品としての埴輪を製造納入する会社」で、「今までのやり方ではだめだ、これからは、埴輪を美術品として位置付けるべきだ」と提案したあなたは、ヒラ社員かもしれませんが、もしかしたら「やり手の課長」かもしれません。そのあなたの提案を拒絶した上司は、課長かもしれませんし、部長かもしれませんし、専務かもしれません。ただ一つ明らかなのは、彼があなたの上にいる「上司」だということだけです。

たとえばあなたがヒラ社員なら、あなたとあなたの提案を斥《しりぞ》ける上司との対立は、「ヒラ vs 管理職」になります。でも、そのあなたが「部下を持つ課長」だったりしたら、あなたと、あなたの提案を斥ける上司との対立は、「管理職同士の対立」ということになります。あなたも、あなたの部下から見れば「上司」だし、あなたと対立するのも「あなたの上司」で、これは「上司同士の対立」です。では、この対立は、どうして生まれるのでしょう？

あなたがヒラなら、この対立の理由は、「管理職がバカだから」にもなります。でも、あなたが課長だったりしたら、「管理職はバカだから」は成り立ちません。そしてそもそも、あなたの提案に反対する上司は、バカではないのです。

この会社の現状からすれば、あなたの言い分はどうあっても正しく、あなたが課長だったりしたら、この提案を上司に示す前に自分の部下達へ話して、支持を得ていたでしょう。もしかしたら、「埴輪を美術品として位置付けろ」は、あなたの部下からの提案かもしれません。あなたの意見は正しく、あなたは部下の支持を得て、部下の意向を正しく反映する管理職です。そういうあなたがいて、その一方には、あなたの提案を受け入れないバカではない管理職の上司がいるのです。あなたとあなたの上司との対立は、どうして生まれるのでしょう？

この対立を生む因《もと》が、「上司である者のいる立場」なのです。

現場から見るか、会社から見るか

あなたと、あなたの上司の対立する理由は、拠《よ》って立つ立場の違いにあります。

あなたは、「会社の置かれている状況」に立ってものを見ています。あなたは、会社の存在する「現場」に立って、そこから会社を見直しているのです。これに対して、あなたの意見に反対する上司の立つところは違います。彼は、「会社の中」から外の状況を見ているのです。だから、彼の考え方は、「外は外、中は中」です。「我々は悪くない。悪いのは、我々を悪化させた外部の状況だ」と彼が考えてしまうのは、このためです。

管理職になって「上司」と呼ばれるような立場になると、これは「会社側」です。労働組合は、そのように考えます。管理職は労働組合の外にいて、管理職である上司は、「会社側の人問」なのです。だから、「会社の都合」を第一に考えます。しかし、それだけでうまく行くわけもありません。会社には、会社の拠って立つ「現場」というところがあって、「現場の都合」を考えない会社がうまく行くわけはないからです。

「現場」というのは、普通、ヒラ社員の放たれる場所で、ここは「会社と外側の接点」であり、また「会社の外側」です。現場と接触する機会の多いヒラ社員は、だから、「会社側」である上司と衝突することも多くあります。しかし、その衝突はなにも、現場に放たれて泳がされるヒラ社員だけが味わうものではありません。「現場を統括する」という立場に立たされた管理職だって同じです。「現場の都合」と「会社の都合」は、この両方を股にかける立場にある「現場を統括する管理職」の上に大きくのしかかって来ます。埴輪製造会社で上司の反対にあってしまったあなたが、管理職の「上司」でもあるのなら、あなたは、こういう立場にある管理職なのです。

この管理職は、「現場の都合」と「会社の都合」を折半させ、うまくアレンジしなければならない立場にあります。あなたの足は、半分「現場」にかかっていて、そのため、両足を「会社」の上にのっけているだけの上司とは、衝突せざるをえない運命にあるのです。

「上司」というものは、一色ではありません。「上司」を考えると、すぐに「会社側か、否か」の詮索《せんさく》になってしまいますが、こういう固定的な見方は、もうあまり意味がなかろうと思います。「上司」というものは、「会社から」と「現場から」の二つの流れの接点にあるものだと考えるべきでしょう。

上司のピラミッド

上司というのは、会社という組織を構成する「上司のピラミッド」の中の一員です。武田信玄なら「人は石垣、人は城」と言って、つまり、上司は「ピラミッドの石の一つ」です。

このピラミッドは「現場」の上に立っています。つまり、上に行けば行くほど、現場からは遠いのです。現場から遠い「ピラミッドの上の方の上司」は、現場のことをあまり考えません。考えようとしても、平気で観念的になります。なにしろそこは現場から遠いので、現場がよく見えないのです。見晴らしのいい「一番上」にでも行ったらまた変わるのかもしれませんが、現在の自分は「上を支える立場」です。考えるなら、現場のことより、自分がその一員として存在しているピラミッドのことを、まず第一に考えます。

彼はピラミッドの中に存在していて、彼を支えることは、とりもなおさず、彼のいるピラミッドを支えることで、だからこそ下に対して、「オレをちゃんと支えろ」という命令も生まれます。この彼にとっての「現場」は、ピラミッドの立っている大地ではなくして、上を支える彼の立っている「自分の足場」のことなのです。それでかまわないと思えるのは、彼が「自分は上司のピラミッドの中にいる」を、第一に考えているからです。
その一方で、現場に近い「ピラミッドの下の方の上司」だっています。彼は自分の目と鼻の先にある現場のことを考えざるをえません。自分の目の前のピラミッドを支える大地が地盤沈下なんかを起こしていたら、特に。

「ピラミッドの下の方にいる上司」は、ある意味で「平社員に近い上司」ですが、しかし、人というものは、そう単純なものじゃありません。下の方にいて現場がよく見えるからと言って、この上司が現場を好きかどうかは分かりません。「こんな目と鼻の先にペンペン草の生えた地面があるのなんかやだ」と思っていたら、彼の思考は、「ピラミッドの上の方の上司」と同じものになります。また、ピラミッドの上の方にいる上司だって、高所恐怖症の気があったり、地面を動き回ったりするのが好きだったとしたら、「こんな現実離れのした人工的かつ人為的で人事のことしか問題にしないようなところにいるのはいやだ」と思って、もっぱら現場ばかりを見たがる、「ピラミッドの下の方の上司」のようにもなります。

立場というのは、またかなり心理的なものでもありますが、同じ「上司のピラミッド」に住む上司に二種類があることは動きません。そこにピラミッドがあり、ピラミッドが現場の上に立ち、ピラミッドに「高さ」というものがある以上、「上から見るか」と「下から見るか」の二方向は、どうしても生まれてしまうのです。俗に言う「いい上司」と「悪い上司」の区分は、

「現場からものを見るか」と「会社の立場からものを見るか」の違いによるものでしょう。

要は、上司というものが、二つの流れのせめぎ合いの中にいるということです。

だからなんなのか？　ここで思い出していただきたいのは、「寒流と暖流がぶつかるところは、魚の豊富ないい漁場になる」という、唐突な一言です。

「現場からの流れ」と「会社からの流れ」がぶつかるところもまた、「魚の豊富ないい漁場」になるのです。もちろん、ここで言う「魚」とは、「思いつき」のことですが。

四　どうして上司は思いつきでものが言えるのか

寒流と暖流のぶつかるところは「思いつき」のいい漁場となる

もう一度「副葬品としての埴輪」にこだわる会社のことを思い出して下さい。

あなたは、「美術装飾品としての埴輪」を提案して、「今まで」に執着する上司の激しい抵抗にあいました。議論は膠着状態に陥って、そこに突然、「我が社もコンビニを始めたらどうだろう」の声が登場します。

あなたはあきれますが、どうしたわけか、この「思いつき」の一声がまかり通って、あなたの会社は、従来通り「副葬品としての埴輪の製造納入」を基本業務としたまま、会社の空きスペースを利用したコンビニを始めることになってしまうのです。「寒流と暖流がぶつかり合うといい漁場になる」とは、このことです。

「暖流」とは、たとえば、現場あるいは現状を起点として北上して来る、「今までのままじゃだめだ」と言う、あなたの提案です。一方、「寒流」とはたとえば、それに抗して会社の中から南下して来る、「今までを守れ」と言う上司の声です。

寒流と暖流はぶつかり合って一つの平衡状態を作り出してしまいますが、そうなって、この二つの水の流れがぶつかり合ったところには、あるものが生まれています。それが、「変化への待望」とも言うべき、プランクトンの群れです。

あなたは、「このままじゃだめだから、今までの考え方を変えよう」と言っています。あなたに反対する上司は、「このままじゃだめかもしれないが、今までの考え方を変えない」と言っています。あなたと上司の考え方は正反対で、しかも上司の言うことはメチャクチャですが、しかしそれでも、あなたと上司との間で一致することはあります。それは、「このままじゃだめだ」「このままじゃだめかもしれない」というところです。

議論はかなり不毛なものでありましたが、その不毛な議論は、「このままじゃだめだ、だめかもしれない」という一致点を見出しました。別に、そんな一致点を見つけるために議論を進めて来たわけじゃありません。議論は行きづまって、そこに「このままじゃだめ」という一致点のようなものが見えてしまったということです。私の言う「暖流と寒流がぶつかり合う豊かな漁場」とはこれです。

議論は膠着状態で煮つまっています。ニッチもサッチも行きませんが、議論の結果、「このまんまじゃだめだ、だめらしい」ということだけは見えてしまいました。だったら話は簡単です。ようやくここに、「じゃ、どうしようか？　このまんまじゃだめなんだから、なんとかしてもいいんだ」という、前向きの空気だけは生まれたということです。

会社とは、「事実」を明確にしたがらないものである

私の言うことは回りくどくてややこしくて、同じような繰り返しばかりですが、それは私のせいではありません。会社——あるいは日本の組織のあり方に即して話を進めると、どうしてもそういうことになってしまうだけです。

まずへんなのは、「改革派の提案とそれに反対する旧体制派の上司がぶつかると、そこにようやく〝このままじゃだめだ〟という現状認識が生まれる」というところです。「そんなこと、初めから分かってるじゃないか」とお思いになりますか？

あなたの会社は、業績不振になっています。そこで、「会社の持てる技術力を活かした新展開」を考えて、「なんかアイデアを出せ」という命令があなたのところに来ます。事実関係は以上の通りですが、しかし実際は、「業績不振」と「新展開」は直接的に結びつきません。この二つの間に「そこで」などという因果関係を設定してしまうのは、あなたの会社とは無関係なところにいるこの私で、あなたの会社は、表向きこの因果関係を認めません。「業績は、まァ、確かにここのところあまりよくないかもしれないけれど、それとは関係なく、やはり新しい展開を考えないといけないので」などと曖昧なことを言われて、逃げられるのがせいぜいです。「新しい展開を考えなければいけない」という理由だって、「それをしないと、この激動の時代に取り残されてしまうから」かもしれませんし、あるいはまた、「我が社も近々創業千五百年を迎えるので」であるのかもしれません。はっきりしたことはどこにもなくて、はっきりしていることはただ、あなたが「なんか新しい展開のアイデアを出せ」と言われたことだけです。

会社に代表される日本の組織は、「その事実はみんな薄々実感しているが、公式見解としてはその事実を認めない」という、不思議にしてややこしい性格を有するところなのです。

考えてもみて下さい。「もういい加減〝副葬品としての埴輪〟なんていう発想はやめて——」と思い、自分の会社の「今まで」をあっさりと覆してしまうような提案を抱えたあなたが出席するのは、どんな名目の会議ですか？　そこに「このままじゃやばい我が社をなんとかする対策会議」なんていう看板がかけられるわけはないでしょう？　それは多く「定例の会議」で、せいぜいのとこ「臨時の会議」でしかないでしょう？　「なんの会議ですか？」と尋ねても、「まァ、別にね」と言われてしまうのが精々の、会社的にはどうってことのない「会議」です。その会議には特別の名目もないし、そこに出席する人間達が「このまんまじゃ我が社も危ないから」と思っていたとしても、そんなことは口にも出さないし、会議の前提になんかはしないのが、会社というところです。

日本の会社に「危機」というものは、「銀行が手を引いた！」というような形で、突然やって来るものです。その「突然」がやって来るまでは、会社の人間達のほぼ全員が「危ない」ということを薄々、あるいは深刻に実感していたとしても、危機はないのです。可能性はあっても、「その事態」はまだない――だから「ない」と結論付けるのが、日本の会社というものなんです。

会議は「前提の確認」で終わる

会議に出席するあなたは、「このまんまじゃ危ない」という前提を立てて、「だからどうするのか？」の打開策を考えます。別に、不思議なことじゃありません。でも、「このまんまじゃ危ない」という前提は、あなたの胸の中で仮想された「仮の前提」で、あなたの出席する会議の公式の前提なんかではありません。そうでしょう？　あなたは「この前提は当然のものとして通るはずだから」と考えているのかもしれませんが、「あなたの仮想する前提」が、会議の前提として成り立つかどうかは、分からないのです。だから、会議が始まった途端、会議はなんだかモヤモヤしたものになるのです。

　あなたは、はっきりとは口に出来ない「仮の前提」を基にして、アレコレを言います。それに対して、周りからも別のアレコレが言われます。「なんか言われてるな」はあなたに分かりますが、「そこで具体的になにが言われているか」は、実のところ、まとめにくくてよく分からないものです。もしもその会議に「頭のいい人」が出席していたとしたら、その人は必ずこう言うでしょう――「いいですか、ちょっと要点を整理しましょう」

　こういう人がいればいいです。でも、こういう「頭のいい人」がいなかったら、会議の中身はグチャグチャで、なんだか分かりません。どうしてそうなるのかと言えば、あなたが「前提」とするものが「あなた一人の仮の前提」で、「会議全体の議論の前提」になっていないからです。だから、議論があっちこっちに転んで、あなたはイライラして、なんにも明確にならないまま、時間だけが過ぎて行くのです。

「会議」とか「議論」ということを考えると、どうしても「前提から始まって結論に至る」というようなもんだと思います。でも、日本の会議は違うんです。「仮の前提から始まって、それを正式の前提として承認することによって終わる」が、日本の会議なんです。

結論は、既に別のどこかで出されている。あるいは、会議で承認された「前提」を受けて、別のところが改めて、結論を出すのです。

日本の会議というのは、議論をするところではなくて、承認をするところなんです。だから、会議の〆《シメ》の言葉は、「そういうことでよろしく」になるのです。そこであなたが、「なにを〝よろしく〟なんだ？　なんにも決まってないじゃないか」と思ったとしても、「じゃ、そういうことで」が出たら、そこで会議は終わりなんです。

「じゃ、そういうことで」は、「前提の最終確認」で、「ここから会議はやっと始まるのか」というところで、日本の会議は終わってしまいます。そうなっても、誰も訝《いぶか》しい顔をしません。「それでもかまわない」ということになっているのは、日本の組織が、「明白な事実を明確にしない」という、ややこしい曖昧模糊をその前提にしてしまっているからです。

かくして「思いつき」は生まれる

話は再び、「寒流と暖流がぶつかり合う豊かな漁場」へと戻ります。

改革派のあなたと、あなたに反対する上司との不毛なやりとりは、「このままでは我が社もだめだ」という一致点にまで来てしまいました。寒流と暖流はぶつかり合って、「よい魚」を育てる豊かなプランクトンの海へと変わったのです。

「このままではだめだ」は、会社の空気としては以前からあったのですが、「明確なる事実」としては存在させられていませんでした。それが、あなたと上司との間の不毛なやりとりによって、「明確なる事実」として浮上してしまったのです。

「このままでは我が社もだめだ」という事実認識は、これまであなたの会社にはありませんでした。ということは、「このままでは我が社もだめになる」を、思考の前提にしてはいなかった——してはいけなかったということです。あなたが、上司からの不条理とも言うべき反撃にあったのも、この「してはいけない思考」をしてしまったからです。

しかし今や、「このままではだめだ」は、暗黙の前提になってしまいました。あなたの声も、それに反対する上司の声も、「このままではだめだ、だめかもしれない」という一致点を中心にして、グルグル回っているのです。だから、ここで会議はお開きになってもいいのです。終わらせるためには、こう言えばいいのです——「じゃ、そういうことで。このままでは我が社も安閑としてはいられないので、各自それぞれ、なにかを考えるように」

「じゃ、オレの考えて来て、今までここで言っていたことはなんなんだよ!」とあなたが胸の中で絶叫したって、終わるものは終わります。なにしろ、あなたの奮闘のおかげで、「このままでは我が社も安心してはいられない＝危ない」という、思考の前提が承認されたからです。「仮の前提が正式の前提として承認されたら、会議は終わり」なんです。

だから、別に「終わり」とも言われず、列席者がボーッとしたままの顔で座ったままでいても、会議は、実質的に終わりです。その後の話はすべて「雑談」で、だからこそ、気楽になってしまうのです――たとえそこに沈黙があっても。そこに突然、「そうだ、ウチもコンビニをやればいい」などというとんでもない声が飛び出してしまうのは、その自由さのためなのです。

ほとんど連想ゲームのように

「このままではだめだ」という前提＝結論は、会議の席で明確に生まれました。会議は実質的に終わって、その後にあるとしたら、話は「気楽な雑談」だけです。あなたはそう思わなくたって、上司達はそんなに長い緊張に耐えられないので、もう「まともな話」は生まれないのです――生まれなくてもよいのです。

後は「気楽な雑談」ですが、しかし、そこで言ってはいけないことが一つあります。それは、「会社の今までのあり方を否定すること」です。「副葬品の埴輪を、美術品として位置付けて売る」は、その典型です。あなたは、なんにも言えません。「うーっ、くそー」と思ってブルブル震えているしかありません。あなたはそのような緊張状態の中にいます。だから、いつの間にか会議が「気楽な雑談」に移ってしまっていることに、気がつけないのです。

「会議にして会議にあらず」状態になっているその席で言っていいのは、「このままでは我が社もだめだ」を理解して、そしてなおかつ、「我が社の今までを否定しないこと」です。「そんな論理矛盾があるか！」と怒るのはあなた一人で、その場にいる上司達は、「だったら気楽に考えられるなァ」と思って安心します。本当に、「思いつき」といういい魚の捕れる最高の漁場です。だから、「コンビニやればいい」なんてことが、平気で言えるのです。

「なんでそんなメチャクチャな考えが出て来るんだ？」を理解するためには、連想ゲーム的に上司の頭の中を探らねばなりますまい。ここからあなたは、「とぼけた一人の上司」になります。

あなたは、こう考えます――。


ウチの会社は、今までのまんまでいいんだなァ。そんで、なんか儲かりそうなことを考えればいいんだなァ。そうすりゃ、なんにも問題ってないしなァ。

今時、儲かりそうな話ってなにかな？　ＩＴかな？　ケータイかな？　でも、めんどくさいのはやだな。最近で儲け話っていうと、みんなコンビニだな。ウチの娘も行くな。こないだ、ウチの近くにもまた出来たな。そうか、コンビニやりゃいいんだ。コンビニの本部に電話して

「コンビニやらせて下さい」って言やいいんだろ？

ウチの社員、遊んでるしな。一階の製品倉庫、空いてるしな。あれを上に移して、一階を空けりゃ、コンビニやれるじゃないか！　よし、我ながらグッドアイデアだ！

ということになって、「ウチでもコンビニをやればいい」の言葉が、口から出るのです。社長も大喜びです。そうすれば、千五百年も続いた「埴輪製造」を、そのままの状態で維持出来るのです。「今まで」を変えず、コンビニによる副収入も期待できます。バンバンザイです。後は、会社の定款をほんのちょっと書き換えるだけです。

それであなたの会社がうまく行くのかどうかは知りませんが、「埴輪の製造納入」を本業としていたあなたの会社は、突如としてコンビニを始めるのです。もしかしたら、あなたはその「店長」を命じられるかもしれません。もしかしたら、そんな自分の会社に愛想をつかして、あなたは会社を辞めてしまうかもしれません。

先のことはどうなるのか知りませんが、かくして上司は思いつきでものが言えて、その思いつきは、まかり通ってしまうのです。

第二章　会社というもの

一　誰が上司に思いつきでものを言わせるのか

「上司が思いつきでものを言えない」という状況はあるのか

第一章は終わりました。私のメチャクチャなたとえ話は終わりですが、もしかしたら、私のするところは、そんなにメチャクチャな話ではないかもしれません。だとすると、この先は、もっとメチャクチャになるかもしれません。それもどうかは分かりません。

前章での私の話は、「上司が思いつきでものを言える状況はこのように出現する」です。メチャクチャでもなんでも、そういう状況は、出現していいしまうのです。だから困ります。このまんま引き下がったら、あなたの負けです。負けはシャクなので、負けない方法を考えましょう。つまり、「上司が思いつきでものを言える状況を出現させない方法」です。

果たして、そんな方法はあるのでしょうか？

残念ながらありません。「上司が思いつきでものを言える状況」は、必ず出現します。なぜそうなるかというのが、これから先の話です。

上司に思いつきでものを言わせるのは誰か

ちょっと考えてみて下さい。前章の話で、「埴輪会社がコンビニをやる」という、とんでもない結論を出すきっかけを作ってしまったのは、誰でしょう？

言うまでもなく、あなたですね。事の発端は、「もう〝副葬品としての埴輪〟なんてやめて、美術品として埴輪を売り出そう」と、建設的な提案をした、あなたにあります。「それがなんで、〝コンビニをやろう〟なんていうメチャクチャな結論になるんだ！」なんて怒らないで下さい。その展開のシュールさは「上司の頭の中の問題」です。でも、そんなシュールさを作動させた元がなにかというと、つまりは、あなたの建設的な提案なんです。

あなたの提案は建設的で、メチャクチャなところは一つもありません。ところがそれが、上司の「思いつき回路」の中に入ると、メチャクチャなところに着地してしまいます。その着地の責任はあなたにありませんが、「上司の思いつき回路を作動させる状況」を出現させてしまった元は、あなたの建設的な提案です。

たとえ、それが「上からの命令」によるものであったとしても、あなたの建設的な提案が上司のシュールな思いつきを招き寄せてしまったことに、変わりはありません。それで、この長ったらしい過程を、ギュッと圧縮してしまいましょう。すると、とんでもない因果関係が出現します。つまり、「あなたの建設的な提言は、必ず上司の思いつきを招く」です。

とんでもない因果関係です。でもこれは、本当です。あなたの建設的な提言は、必ず上司の思いつきを招くのです。

どうしてかと言うと、この本の一番最初でも言いましたように、「上司が思いつきでものを言うのは、日本のサラリーマン社会の組織的な問題」だからです。だから、上司は必ず思いつきの一言を言うのです。「それを言われる自分は悲しい星の下に生まれたのだろうか」とか、「ウチの会社にはロクな上司がいない」とか、そういう問題ではないのです。それは、日本のサラリーマンが必須とする、組織的な問題なのです。

こういうつまらない言い切りばかりしていてもしかたがないので、細かい検証にとりかかりましょう。

会社は現場を収奪《しゅうだつ》する

まず第一に承知しておかなければいけないことは、会社というものが「上司のピラミッド」を骨格として、「現場」という大地の上に立っているものだということです。

「上司のピラミッド」によって出来上がっている会社の中には、方向の違う二つの風が吹いています。一つは、上から下に向かって吹く「会社からの風」、もう一つは、下から上に向かって吹く「現場からの風」です。「上司のピラミッド」の最底辺である「現場」と接するところにいるのがヒラ社員で、その上の、二つの方向の違う風の吹く「上司のピラミッド」の中で、すべての上司は、「部下に対しては上司であり、上司に対しては部下である」という、二面的な存在をします。それが、会社です。

あなたは、その会社の中で、建設的な提案、提言をします。この方向は、必ず「下から上へ」です。「建設的な提言」とは、現場のあり方を反映して、その結果、会社を豊かにするようなものですから、当然この流れは、「下から上へ」です。

この逆の「上から下へ」は、「会社から現場へ」で、つまり、命令です。「会社を豊かにするため、現場は努力せよ」です。建設的ではありません。これは、会社のエゴイズムです。エゴイズムだからいけないのかというと、そんなことはありません。会社とは、「利潤を追求するために存在する組織」なので、会社のあり方からすれば、これは「善」です。

しかし、いくらこれが「善」だからと言って、会社が一方的に現場から収奪をするだけでは、現場がやせます。

「現場がやせる」とは、たとえば、「働け、働け、会社を豊かにするため、社員一同は働きまくれ」と命令されるだけでは、社員達がすり切れてしまう、ということです。

またたとえば、「激安商品を売りまくるために、その商品の仕入れ値を叩いて叩いて叩きまくる」です。安く売って利潤を上げる方はそれでもいいでしょうが、いくら作っても安く買い叩かれる商品の製造納入業者の方は、たまったもんじゃありません。「いくら作っても儲からない」が浸透して、いつの間にか、商品製造業者の側の製造意欲をそいでしまいます。これもまた、「現場をやせさせる」です。

「現場をやせさせる」には、「マーケットをやせさせる」もあります。「これは売れる！」で、実際に売れて、「売って売って売りまくれ！」になって、需要が頭打ちになっても「まだまだ売れる！」で、ほんのちょっと目先を変えただけの類似品を大量にマーケットに流せば、消費者に飽きられて、その商品のマーケットそのものが消滅してしまうことだってあります。「ヒット商品のその後」というのはかなり哀しいものですが、これもまた「マーケットをやせさせる」をやってしまった結果です。

会社は「利潤を追求する組織」で、利潤とは、現場から吸い上げられるものです。だから、「会社が現場をやせさせる」は、いたって当たり前に起こるのです。

部下の建設的な提言は、必ず上司の思いつきを招き寄せる

「会社の中には方向の違う二つの風が吹いている」と言っても、その一つは、「上から下へ吹く命令の風」です。「下から上へ吹く風」の力が弱くなってもしかたがありません。なにしろ、会社というものは、「上から下へ」の命令系統に基づいて出来上がっているものなのですから。

そして、会社は会社のありように従って、平気で「現場」をやせさせます。会社の中で「現

場」という言葉はいたって狭い意味で使われますが、「現場」というのは、「会社と外部の接するところ」であり、また同時に「会社を成り立たせる外部」です。それは、「ヒラの社員が働くところ」であり、「関連業者のこと」でもあり、「マーケットのこと」でもあります。とても、広い意味を持つものです。

しかし、会社は、これに無頓着です。無頓着の理由は、会社が「上から下へ」の命令系統によって出来上がっていて、「下から上へ」の現場の声を反映しにくいようになっているからです。

現場が、会社に十分な利潤をもたらすだけの豊かさを持っているのならかまいません。しかし、この現場はだんだんにやせて来ます。そのことにあなたは気がつきます。「このままではやばいことになる」と思うあなたは、建設的な提言をします。そしてあっさり、上司からはねつけられます。はねつけられるのは、あなたのその提言が、会社の基本方向とは逆行する「下から上へ」のものだからです。

ところがしかし、会社の中には二つの方向の違う風が吹いています。命令系統は「上から下へ」だけですが、現場を無視して会社は成り立ちません。だから、一度ははねつけられても、あなたの提言が真に「建設的」であれば、これは必ず受け付けられます。

前章のあなたは、「建設的な提案が拒絶される長い時間」を経験しました。しかし、あなたの提案が真に建設的である限り、これは聞き入れられる運命にあります。だから、あなたが建設的な提言をして、それが上司から拒絶されないということだって、いたって当たり前にあります。

別に「会議」などというややこしいプロセスを持たず、あなたが上司に「ちょっと、これを見ていただけませんか」と企画書を提出して、その場で「ああ、いいじゃないか」とあっさり了承されてしまうことだって、いたって当たり前にあるでしょう。でも、問題はその先に生まれます。

「ああ、いいじゃないか」と企画書を見た上司が言って、それからしばらくして、「ところでここなんだがね」と言われた経験はありませんか？　上司は、「ここ」と言うところになにかむずがゆさのようなものを感じて、自分の中の「思いつき回路」を作動させたがっているのです。

あなたの建設的提案が「拒絶」というプロセスをへるにしろ、へないにしろ、上司に受け入れられた途端、そこで上司の「思いつき回路」は作動します。これは、「必ず」です。なぜ「必ず」なのかは、この次です――。

二　上司は故郷に帰れない

「現場」は上司の故郷である

「上司は故郷に帰れない」というのは、ずいぶん詩的な表現ですが、上司にとっての「故郷」が「現場」だったらどうでしょう？　上司になった男は、もう現場に帰れないのです。それは、「大人になった人間はもう子供に戻れない」と同じことでもあります。

上司の初めはヒラです。ヒラは現場に配属されます。初めから出世が約束されている超エリートだって、その初めの研修期間には現場に送られます。そこにちょっとしかいない人も、そこにずっといい続ける人も、結局は「上司」になります。昔は「一生ヒラのまんま」の人も当たり前にいて、そういう人は職場での一生を現場で終わらせましたが、今ではそれが例外的なものにもなってしまいました。「会社に入った以上、なんらかの役職につく」――つまり「上司になる」が、いつの間にか当たり前になったからです。

昔は、学歴の壁がありました。大学を出ていないと、「上司」と言われるような身分になれない――これが当たり前でした。ということは、大学を出ていれば「上司のピラミッド」の一角に場所を得て、「上司」と呼ばれる身分になれたということです。そういうメリットがあったので、誰も彼もが大学に行きたがって、行くようになりました。その結果、会社の中で大学出の占める割合が大きくなりました。日本の社会でその明確な転機を作ってしまったのが、「団塊の世代」と呼ばれる一群の人達です。

彼等は大量に大学へ行き、大量に大学を出、大量に会社へ入りました。企業が「大学出を採る」ということは、「管理職予備軍を採る」ということです。それが、その時代の常識でした。つまり、大学出の人間を多く採るということは、その企業に「会社の規模を大きくする」という腹づもりがあったということです。会社の規模が大きくなり、管理職の数もより多く必要になる――そういう前提があるからこそ、大学出の人間を大量に採ったのです。そのつもりがなくても、その時代の考えに従えば、そうなるのが当たり前でした。「高度成長」が言われた、一九七〇年代前半のことです。

会社の規模は大きくなり、大学出の人間が多く採用されて、それをしてしまった結果、企業は、自分の採用した大学出の社員達に管理職のポストを与えなければならなくなりました。それはほとんど、「社内の人道上の理由から」です。

会社の規模を大きくするために社員を多く採り、採用した大学出の社員のために、管理職のポストを多くした――そうすれば、必然として「上司のピラミッド」の規模は大きくなり、その密度も細かくなり、会社の規模も大きくなります。

初めの「会社の規模を大きくする」は、「大きくしても大丈夫」という時代状況——つまり社外の条件によるものですが、後の「会社の規模を大きくする」は、「管理職の数を増やす以上、会社の規模を大きくするしかない」という社内の事情によるものです。

そういう二段階の規模の拡大があって、それが可能でもあったので、日本には「現場」を故郷とするような上司達がたくさん生まれ、「会社員はなんらかの形で上司になる」も当たり前になってしまったのです。

故郷を出る上司達

「現場」という故郷にいた上司達は、やがて「上司のピラミッド」という高層ビルの一員となるため、「現場」という故郷を出ます。事実はこれだけです。心理的には、各人の胸の中にいろいろな思いもあるでしょうが、「上司になるのは当たり前」になってしまったら、その胸の内は二の次で、ただ「故郷を出る」です。

「オレはこんなところ嫌いだし、こんなところにいたってロクな将来はないから、さっさとここを出るぜ」と思って、早くから故郷を出る準備をしていた人もいるでしょう。「オレはここが嫌いじゃないし、いられるもんならここにいたいとは思うけど、ここにたいした将来がないのは事実でもあるから」という消極的な理由で、故郷を出た人もいるでしょう。「女房が〃いつまでもこんなところにいるもんじゃない〟と騒ぐんだ」という理由もあるでしょう。

「オレは元々都会の人間で、別にこんなところはオレの故郷じゃないんだ。だから、ここを出るのは当然のことだ」と思う人もいる一方で、「都会は嫌いなんだ、苦手なんだ、ここでいいんだ」と思っていて、でも、故郷を後にせざるをえなくなってしまう人もいます。「上司になるのは当たり前」というのは、そういう各人の胸の内をまったく問題にしないということです。だから、こういう人だっています——つまり、「ここを出るのが当たり前だから、ここに特別な感情はないし、行く先にも特別な感情はない」です。

なんだか、上司になってしまった人間の胸の内ではなくて、「進学をするのが当たり前になってしまった社会に生きる子供の胸の内」みたいですが、「大学に行く＝上司になる」は明確にシンクロしているのですから、別に不思議でもありません。

「上司になるのはいやだ」という選択肢が、会社の中にはありません。「なれ」という辞令が下ったら、上司になるしかありません。ここで「いや」を通すと、退職か転職か脱サラです。

「生き方のガイドラインが決められてしまっている学校へ行くのはもういやだ」と言って、不登校や進学拒否を表明してしまう子供と、これは根本のところで同じです。

「上司」と呼ばれるようになってしまったオヤジ達の中には、「それ以前の人生のプロセス」が全部しまってあって、それは「そうなるように設定された日本社会のプログラム」でもあって、だからこそ「上司」と呼ばれるオヤジ達の胸の内が、相変わらずそのように設定されている「進路に悩む子供達の胸の内」とシンクロしていても、ちっとも不思議ではないのです。不思議なのはその逆の、「どうして日本の上司《オヤジ》達は、自分の胸の内の揺らぎと同じ質のものが、子供達の中にも宿っているのを理解しないのだろう?」という、そっちの方です。

話はいつの間にかとんでもないところへ来てしまいましたが、なんであれ、「上司」と呼ばれるようになってしまった人達の中には、「〝当たり前〟という必然に従って故郷を出て、上司になった」という過去が眠っているのです。

故郷の人々

「現場」という故郷を出て「上司のピラミッド」の一員になった人は、つまるところ、「田舎から出て来て都会に職を得、一人前の都会人になった」というような人です。あなたも、ご自分をそういう「上司」の一人だとお考え下さい。

あなたは都会人で、そのあなたには部下がいます。部下とは、あなたが出てしまった「故郷」に、今でもまだ住み続ける人々です。「田舎に住む若いもん」かもしれませんが、「相変わらず田舎に住み続けるいい年をした中年」かもしれません。要は、「あなたはもう都会人だが、あなたの部下は都会人ではない」です。

あなたはもう都会人かもしれませんが、少し前までは、故郷の青年団にいました。青年団のリーダーか、サブリーダーになっていて、その経験を買われて、都会の会社に職を得たのです——これが「上司のピラミッド」の一員となったあなたです。

そのあなたのところに、田舎から青年団の人間がやって来ます。「故郷の村をなんとかしたくて、あるプランを考えた」と言うのです。それを「どうとかしてほしい」という陳情ではなくて、「このプランがいいかどうか、かつては故郷にいた先輩のあなたに、意見を聞かせてもらいたい」というのが、やって来た理由です——これがつまり、「建設的な提言をする部下」です。

微妙な誤解があるかもしれません。あなたが求められるのは、ただ「先輩としての意見を聞かせて下さい」だけです。あなたは別に、「これを実現させるために力を貸して下さい」と言われたのではありません。理由は後で述べますが、あなたにそんな力はないのです。そんな力が「ある」と、青年団の若者達も思ってはいないのです。

あなたは、目の前に広げられた紙の上に書かれた文章を見ます。そこに書かれたプランは、文句のないプランです。「いいじゃないか」と言おうとして、あなたの胸の内には複雑な思いが湧き上がって来ます。

上司と現場は断たれている

あなたと故郷の関係は、もう絶えています。そして、目の前にいる青年団を代表してやって来た若者には、彼を取り巻く何人もの仲間がいます。そのことは、かつて青年団の一員であったあなたには、よく分かっています。その「プラン」を持ってきた若者は、仲間と共にそのプランを実行したがっているのです。その若者は、あなたに「協力をしてほしい」とか「助力をくれ」と言ったわけではありません。ただ「意見を聞きたい」と言って来たのです。

そのように、あなたと故郷の関係は断たれています。ただ「先輩の意見を聞きたいのです」と言われた時に、あなたはそのことを理解します——しなければなりません。

もしもあなたに、その場で部下のアイデアを拒絶する権限があるのだったら、あなたと「故郷」の関係は断たれていません。だからあなたは、一瞬そのように思いもします。しかし、実のところあなたに、「その場で部下のアイデアを拒絶する権限」は、ないのです。なぜかというと、上司であるあなたの権限は、多く、「部下の提案を上に上げる」だからです。

あなたには、「こんなもん上に上げられない」と言って、部下の未熟でロクでもない提案を拒む権限はあります。しかし、「まともな提案」を拒む権限はありません。だから、もしそこにあなたの上司がやって来て、「どうしたい？」などと言って、あなたの部下の提出したアイデアを見て、「お、いいじゃないか」などと言ったらおしまいです。その場で、あなたには

「部下の提案を拒絶する権限」がないということがバレてしまいます。

バレなければいいですが、でも、日本の会社の上司には、「その場で部下のまともなアイデアを拒絶する権限」など、ないのです。あるのは、「部下のまともなアイデアを上に上げる権限」だけなのです。だから、「青年団の若者が、ただ意見を聞きにやって来た」という比喩が成り立ちます。あなたには、ただ「この提案はまともかどうか」とチェックする権限しかなくて、それが「まとも」であったら、あなたの権限とは無関係に、その提案は上に上がって行ってしまうからです。

「なぜそうなのか」はいずれまたの話で、今重要なのは、「あなたには部下のアイデアを拒絶する権限がなく、だからこそ、あなたと現場（＝故郷）の関係は断たれている」ということです。あなたには、そのプランを実行させるだけの権限と力はなく、それを持つのは、同じ都会に住む別の誰かで、故郷からやって来た青年団の若者はそれを知っていて、「都会に住んでいる人の考え方では、自分達のプランはどう見えるのだろう？」と思い、参考までに、あなたの意見を聞きたがっているのです。

それだけの条件を揃えられて、「都会の人」となった上司のあなたは、故郷の青年団の持って来た「よく出来たプラン」を見るのです。あなたの胸に「複雑な思い」が湧き上がって来るのは、当然なんじゃないんでしょうか。

上司は現場を嫉妬する

あなたが自分の故郷を嫌いだった場合、あなたは当然、自分の故郷とそこからやって来た青年団の若者をバカにします。「プランを作ったなんて言ったって、ロクなもんじゃないだろう」と思っています。「嫌い」とまではいかなくても、「都会に比べりゃ田舎は遅れている」くらいに思っていれば、「たいしたプランじゃないだろう」とは思うでしょう――「だから、自分のところに意見を聞きに来たのだ」と。

ところが、あなたの目の前に出されたプランは、あなたの想像を遥かに超えた立派なものです。あなたはどう思うでしょう？

あなたは、まず驚きます。ショックを受けます。そのプランが「ロクでもないもの」であってしかるべきなのは、そのプランが生まれたあなたの故郷が「ロクでもないところ」だからです。あなたのいる都会に比べて、遅れているからです。しかしそのプランは、「進んでいる」であるはずの都会のものと比べても遜色《そんしょく》のないもので、行き詰まった都会の発想から離れた、独自色に満ちたユニークなものです。あなたのショックは、どういう質のものでしょう？

あなたの受けたショックは、自分が離れた故郷を「ロクでもないもの」と思い、「遅れているからたいしたはずではない」と思う、あなたの優位性を揺さぶるものです。揺さぶられて困惑するあなたは、なにかを言います。そのなにかは、「自分の方が立場上すぐれた者である以上、このプランになにかの欠点や足りないものを発見出来る」という、自信から出ています。その自信は、「自分は故郷を離れて、離れた故郷より優位なところにいる」という、あなたの立場から生まれたものです。

その立場上、あなたは、故郷の青年団の若者の持って来たプランの中に、「欠点」や「足りないところ」を発見できる――「そのはずだ」と、思い込んでいます。だから、あなたはなにかを言うのです。

しかし、あなたの目の前にあるプランは、そんなあなたの思惑を超えて、新しい別種の完成度を宿しています。そこに必要なアドヴァイスは、「このプランを実施するに際しては、これこれの留意点が必要だ」という、プランが了承された後になっての実際的なものだけです。つまり、それを言うのは、「素晴らしい、文句ない」と言った後のことなのです。それを言うためには、まず、「このプランのこことここが素晴らしい」と、具体的な賞賛の根拠を指摘してからです。「うーむ」と、そのプランの素晴らしさに衝撃を受けたあなたに、それが出来るでしょうか?

あなたの胸の中に登場するのは、まず「自分の優位性を傷つけられた」と思う嫉妬心です。だからあなたは、事の本質とは関係のない「どうでもいいこと」を、あれこれと言うのです――

言わざるをえないのです。それが、「思いつきでものを言う」です。

部下が戸惑えばこそ、上司としての優位性は保たれる

それでは、あなたにテキトーなことを言われる立場の、故郷の青年団の若者の胸の内は、どうでしょう？　あなたのところへ「意見を聞きたい」と言ってやって来たのは、「自分達のプランに自信があって、しかも自信がない」という矛盾した状態に、その若者があるからです。自信がなかったら、そんなプランを人には見せません。自信があったら、あなたに意見を聞きません。かつてはあなたが「故郷」にいて、そのプランが生まれる「故郷」のことをよく知っていて、しかも、その「故郷」を客観的に見ることが出来る、都会という離れた場所にいるからこそ、そのプランの中に隠れているかもしれない「欠点」――十分な自信が生めない曖昧なところを、発見してもらえるかもしれないと思うのです。

あなたの言うことは、その相手の希望に合致しているのでしょうか？

相手は、まず「いい」と言ってもらいたいのです。そしてその後に、「いい」の度合いがどれほどのものかを聞きたいのです。でも、あなたはそれが言えません。その理由は、そのプランが生まれた所が、「ロクでもない所」で「遅れている所」だからです。それを「いい」と言えば、その故郷を離れてしまったあなたの優位性が崩れます。だから、そのプランが「すぐれ

ている」と分かっても、「すぐれている」とは言えません。あるいは、「すぐれている」ということが分からないのかもしれません。それは、あなたが離れた「故郷」で生まれたもので、現在のあなたのいる都会の発想とは違っているものだからです。それで、都会に順応してしまったあなたには、その発想が「なんだか違うもの」に見えるのです。

「なんだか違う――だからへんだ。よくない」という判定は簡単に下せます。そして、「意見を聞かせて下さい」と言われて判断を仰がれたあなたには、その権限があるのです。

「オレはえらい、なんかテキトーなことが言える。言えなかったら、このえらい立場にいる自分のありようが崩れる」と思ったら、テキトーなことが言えるでしょう。そして、あなたの言ったテキトーなことは、意見を聞きに来た故郷の青年団の若者にとっては、「予想もしないもの」になるのです。

自分達でプランをまとめた若者達は、そのプロセスの中で、自分達なりに「いい、悪い」の検討をします。「問題があるのならこの辺りだろう」という見当をつけて、その弱点の補強にかかります。「意見を聞きたい」と思うのなら、その予期される弱点が十分に克服出来ているかどうかが知りたいのです。

しかし、あなたの言うことは、それとは離れた「テキトーなこと」です。それをあなたに言われて、相手は戸惑います。理由は、「そんなことを考えてみたこともないから」です。それは、「関係のないいちゃもんをつけられて迷う」と同じです。しかし、その相手が迷うのを見て、あなたは満足します。なぜかと言えば、あなたには、相手を戸惑わせるだけの優位性があるからです。

「その優位性ゆえに、故郷の青年団の若者が意見を聞きに来た」と思うあなたは、「自分の優位性はかくしてキープされた」と思って満足します。しかし、やって来た相手は、別にあなたの優位を頼って来たわけではないのです。「かつて故郷にいたあなたなら、このプランの全体像が分かるだろう」と思ってやって来たのです。

あなたが、そのプランをそのように見ないと、あなたと故郷との関係は、完全に断絶します。そして、「上司のピラミッドの一員」である、「上司」としての立場だけが明確になるのです。それは不幸の始まりですが、そう言うのは「現場よりの視点」であって、「上司」として存在するあなたにとっては、関係のないことかもしれません。

ちなみに、あなたの要請された見方は、「相手の立場に立って考える」という、いとも簡単なものですが。

ちょっとした誤解

あなたと、あなたのところにやって来た「故郷の青年団の若者」との関係が少し分かりにくいかもしれないので、補足をしましょう。

私は、あなたの部下を「故郷の青年団の若者」と言ってしまいました。あなたはうっかり、「そんなもんかもしれないな」と思ったかもしれません。しかし、よく考えて下さい。このたとえは、ちょっとおかしいのです。そうでしょう？　だって、あなたの部下は「部下」なのです。「部下」ならば、あなたは命令が出来るはずです。でも、私のたとえ話では、そういうことにならないのです。

あなたと部下の間は切れてい
ます。だから、あなたは自分の部下に命令が出来ないのです——そういうことになっています。へんですね。「上司」となったあなたは、確かに現場からは距離を置きましたが、しかし、「上司」となったあなたには、新しく「部下」が出来ているのです。あなたが「上司」なら、その部下に命令が出来てもいいはずです。ところがこの私は、それを「出来ない」と言うのです。

私の言うところは、「中間管理職の悲哀」というところへ行っているのかもしれません。新しく「上司」となって、「部下」というものを持ったあなたは、世に言うところの「中間管理職」です。あなたの上には「あなたの上司」がいて、あなたは、「部下と上司の板挟みになる中間管理職」です。「上司というのはただ立場である」なんですから、そういうことになるでしょう。では、どうして中間管理職は「哀しい」のでしょう？　中間管理職の哀しさと言えば、

「部下と上司の板挟み」ばかりがもっぱらに言われますが、どうしてそんな曖昧なところで終わってしまうんでしょう？　一体、「中間管理職の哀しさ」とは、なんなんでしょう？

中間管理職には、ろくな「権限」がありません。だから、哀しいのです。

権限があれば、「命令」も出来ます。でも、あなたにはあまり「権限」がありません。「部下」を持っていながら権限がなく、その権限は「あなたの上司」が持っている。あなたは「上司」になったのに、「上司のピラミッド」の一番下にいるだけのあなたは、「あなたの上司の部下」になっただけで、「自分には部下がいる」が実感出来ないのです。その実感のなさこそが「中間管理職の悲哀」と言われるものですが、実は、そんな風に考えるあなたは、誤解をしているのです。どんな誤解かというと、「上司とは命令する者である」という誤解です。

上司には「命令することが出来る権限」もありますが、しかし上司とは、「命令をする者」ではないのです。「命令」は、「それが出来る権限」に付随しているだけで、「上司＝命令する者」は、あなたの単なる誤解です。

上司は「命令する者」ではない

「上司」は、チームの管理者で、監督です。だから、「部下＝チームのメンバー」がいるのです。現場と格闘する部下を持つあなたは、だから、部下の仕事がうまく行くようにチェックや指導をしていればいいのです。それが、「部下を持つ上司」の仕事で、だからこそ「管理職」なのです。ところがあなたは、「上司」というものをイコール「命令する立場にある者」と考えています。だから、「部下に命令をしたい、部下に命令をしなければならないのに、なかなかうまくいかない」などと思って、あれこれを考えるのです。でも、本当はそんなことをする必要がないのです。

上司というものは、精々「部下を指導する者」です。それでいいのです。「命令」と「指導」とはどう違うのかを考えれば分かります。「指導するだけですむ部下」は、「有能な部下」です。「命令しなければならない部下」は、「無能な部下」です。もっと有能な部下は、「指導」さえも必要とはしないでしょう。そんな有能な部下がいれば、「助かる、ああ楽だ」と思うのが普通でしょう。ところが、「上司というものは部下に命令する者だ」と思い込んでいると、その楽が楽になりません。「あいつに対して、オレはどう対処すればいいんだ？」なんてことを考える破目におちいるのです。それが、「上司としての優位性にこだわる」です。

そう思えば、「故郷の青年団の若者が意見を聞きに来た」は、お分かりになるでしょう。その部下は、あなたにチェックを求めたのです。その相手は、ただ「有能な部下」なんです。それだけのことなんですから、あなたは、「自分の優位性」なんかを考える必要がないのです。ところがあなたは、勝手に、「上司とはそれなりに命令をする者だ、命令をする立場にある者で、テキパキと命令を下せる者だ」と思い込んでいるのです。だから、なくてもいい「自分の優位性」なんてものを捏造《ねつぞう》して、事態をややこしくしてしまうのです。

上司というものは、現場を離れています。離れてそして、なおかつ現場を把握していなければなりません。そうでなければ、現場を泳ぎ回っている部下達のチェックなど出来ません。もちろん、「指導」だって。上司とは、そのような高級な職務を担当する者なのです。それなのに、その根本を理解せず、「上司とは命令する者だ、命令する能力のある者が上司なんだ」と思い込んでしまうと、とんでもないことになるのです。

「上司=命令する者」という考え方は、部下というものを「原則として無能」と考えるところから出ています。無能だから、あれこれ命令して動かさなければならないのです。しかし、部下が有能だったらどうでしょう。そんなことをする必要がありません。部下を「原則として有能」と考えるのが、現代の上司のあり方なのです。だから、部下が無能にならないように、指導をする必要もあるのです。「そっちの方がよっぽど難しいじゃないか」とお思いになるでしょうが、それを理解されるのであったら、「上司とは命令する者である」などという古い考え方を、すっぱりとお捨てになることです。

「上司」とは、現場を離れてなおかつ現場を包括する能力のある者で、だからこそ部下は、上司に対して「ちょっといいですか？」と言って、そのチェックを求めて来るのです。私の言う

「故郷の青年団」とは、そんな部下と上司のあり方に対する比喩なのです。

もう少し、この話を続けましょう。

故郷が懐かしい上司の場合

自分の優位性を知らない間に捏造してしまう上司は、「とてもいやな上司」です。もちろん、そんな上司ばかりではありません。都会に来ても故郷を懐かしく思い、故郷を愛している上司もいます。つまり、「現場を包括出来ている上司」で、「部下の有能を理解する上司」です。今度のあなたは、そういう上司になって下さい。あなたのところに、故郷の青年団の若者がプランを持ってやって来て、「意見を聞かせて下さい」と言うのは同じです。そのプランが、故郷を離れたあなたの目を剝《む》かせるような「素晴らしいプラン」であるところも同じです。

当然、その故郷を愛するあなたは、ショックを受けません。感動に目を輝かせます。「そうか、あそこもこんなプランが出せるまでに変わったか」と、故郷とそこに住む青年団の若者達に対して、深い感慨を持ちます。

そんなあなたですから、当然、出されたプランをべたぼめにします。そして、それから、ロクでもないことを言う破目に陥るのです。

なぜかという理由は簡単です。そのプランを見たあなたが、自分の離れた「故郷」を懐かしく思い、自分が今でもまだ「青年団の一員」で、リーダーかサブリーダーをやっているように錯覚してしまうからです。つまり、「お、いいじゃないか！　オレも仲間に入れろよ」です。だからあなたは、自分が今でもその青年団の一員でもあるかのように思って、余分なことを言ってしまうのです。

しかし、あなたをそんな風に感動させたプランは、もう完成しているのです。完成しているからこそ、あなたは感動したのです。つまり、あなたが余分な口をさしはさむ余地は、ないのです。でもあなたは、なにかが言いたいのです。

「オレがいた頃はこうだったから、ここんところはこうした方がいいんじゃないのか」と、つい言わずもがなのことを言ってしまいます。言って、「あ、もうあそこは変わったんです。前みたいじゃないんです。だから、こういうプランにしたんです」とあっさりはね返されてしまいます。

「そうか……」とうなだれて、しかしあなたは、そのままに引き下がりません。理由は、「故郷のことならオレの方が前から長くいて、お前達よりよく知っている」と思うからです。「自分の愛する故郷」が、今よくなろうとしているのです。そのプロジェクトに、あなたはどうしても参加したいのです。だから、「あそこはもう変わったのか」と思うあなたは、「じゃ、別のあそこはどうだ？　あっちはどうだ？　その反対側はどうだ？　まだ変わってないだろう？

だとしたら、こうはならないか」と言います。言いたいのです。

あなたはすごく熱意に燃えて、「自分なりのプラン」を構築し始めています――目の前には、「故郷の青年団の作り上げたプラン」がもう存在しているにもかかわらず。

あなたの言うことは、目の前にあるプランの青写真を、根底から否定してしまっていることなのです。あなたが見るのは「目の前にあるプラン」ではなく、「そのプランが生まれるスタート地点に立ち返った別のプラン」なのです――そのプロジェクトに参加したいあなたは、勝手に別のプランを書き始めているのです。「自分は故郷のことをよく知っているから、自分の方がもっとよくプランを作り上げられる」と、思い込んでしまっているからです。

上司は故郷に帰れない

しかし残念ながら、あなたの知る「故郷」は、過去のものです。そのプランが立ち上がる「故郷の現在」は、あなたなんかより、あなたの後輩である、現役の青年団の若者の方が詳しいのです。だから、あなたのふるう熱弁に対して、「故郷の現在」を知る青年団の若者は、口ごもりがちに、「でも――」の否定をし続けるのです。

さすがのあなたも、「故郷は変わったか」と認めざるをえません。しかし、あなたの頭の中には、あなたの知る「過去の故郷の姿」が、今もありありと残っています。そして、その故郷のために、あなたはやっぱり、まだなにかをしたいのです。それで、「故郷のこと」には詳しい若者に対して、「君は知らないだろうが、都会にはこういう新しい考え方があるんだ。それをこのプランに適用してみないか」などと言います。

それを言われて、相手が「はァ……」と気の抜けた声を洩らすのは、あなたの言う「新しい考え方」が、相手の考えるプランとはあまり関係なくて、「どうしてこの人はこんな余分なことを言うのだろう」と困惑しているからです。

あなたは、故郷をバカにする「いやな上司」ではありません。故郷を思い、故郷からやって来た若者を思う、とてもいい都会人です。でも、あなたの思う「故郷像」は古く、あなたの知る「都会のアイデア」は、故郷の現実と合致しません。「しない」と言われれば、あなたにも「そうか」と納得する理性はありますが、それに気づくまでのあなたの口は、相手からすれば「余分な思いつき」にすぎないようなことを、ずっと口走り続けています。

あなたは、部下の考えにとても好意的で、前向きで、そしてしかし、余分な思いつきを平気で口にして、陰で「なに考えてんのかよく分かんねェよ、あのオヤジは」と言われるような、「最悪の上司」の一人になっているかもしれません。考えようによっては、「初めっから部下に対して否定的な上司」よりも、こちらの方がより最悪かもしれません。

部下が「いやな上司だ」と思えば、初めから近づきません。「あの人なら分かってくれる」

と思われて、しかも一応以上は分かっていて、でも、この「故郷を愛する上司」は、結果的に部下を裏切るのです。裏切られた部下の負う傷は、単純骨折ではない、かなり厄介《やっかい》な複雑骨折です。内臓破裂もあるかもしれません。

初めは「いい」と言って好意的だったのが、自分の「建設的な助言（と思われるもの）」が片っ端から否定されるにつれて、身内に不快感を充満させ、「やりたきゃ勝手にやれよ、オレは知らんからな」という、まったく反対側の立場に立ってしまうことだって、なきにしもあらずです。

初めは好意的で肯定的だったのに、やがてはロクでもない思いつきまみれになってしまう上司の悲劇は、つまるところ、「上司は現場に帰れない」という上司の鉄則を理解しないところから起こったもので、この上司は、「上司のなんたるか」を理解しない、「現場離れの出来ない上司」なのです。

それで、部下の建設的な提言に上司は必ず思いつきでものを言う

部下の建設的な提言に対して、上司が必ず勝手な思いつきをかませるのは、上司のいるところと現場とが、隔絶して乖離《かいり》しているからです。私は、それが日本の会社のあり方と関わるものだと思うので、「必ず」と言って、「サラリーマン社会の組織的問題だ」と言うのです。

三　景気のいい時の会社には、なにも問題がない

景気のいい時の会社には、なにも問題がない

今までの私の話は、実は全部、「景気が悪くなった会社の話」です。でもだからと言って、「景気が悪くなると、上司は思いつきでものを言う」というわけではありません。それを言うのなら、景気がよかろうと悪かろうと、思いつきでものを言う上司は、思いつきでものを言うのです。もしかしたら、景気のいい時の方が、思いつきでものを言う度合いは激しいかもしれません。激しくても、でも景気のいい時には、そんなことどうでもいいんです。景気のいい時はみんなハイになっていて、上司はバンバン思いつきでものを言うし、言われる方は、平気でそれを聞き流していられるのです。つまり、景気のいい時の会社には、問題があろうとなかろうと、「なにも問題はない」ですませてしまえる余裕があるのです。

それに、景気のいい時の会社では、部下が、上に対してなにか建設的な提言をする必要もないのです。上からバンバン下りて来る「思いつき」かもしれないことをこなしていても、あるいはこなしていなくても、景気のいい時は、自然といい方向に行くのです。たとえ上司とぶつかったとしても、ちょっとヤケ酒を飲んで我慢していれば、自分もその内「上司」になれるの

ですから、いちいち上司とぶつかっている必要もありません。気に入らなかったら、会社を辞めてしまえばいいのです。「就職口なんかゴロゴロしている」という時代は、日本にもかつてはあったのです。上司が思いつきでものを言おうと言うまいと、景気のいい時には、そんなこと、どうでもよかったのです。

それはなぜかという話を、まずしなければなりません。

最大の問題は、現場と会社の分裂だ

実のところ、ここまでの私の話は、「日本の会社では現場と会社の間に分裂が生じている。それが最大の問題だ」で一貫しています。分裂していて、それに薄々気がついていて、でも、それを「気がつかないままにしておける」と思うからこそ、上司は思いつきでものを言うのです。景気のいい時はそれで問題がなかった——だから、景気の悪くなった今でもその状態が持ち越されていて、私ごとき者につまらないアラ探しをされるのです。

私は、日本の会社の最大の問題は、「現場と会社の間にある乖離」だと思っています。昔はそれがなかった——でもいつの間にか出来た。そのことに気づかず——あるいは薄々気がついて、でもそれをそのままに放置して来た。だから、会社と、会社に大きく依存する日本社会はおかしくなったのだと思っています。会社に代表される日本の組織が、「明白な事実を明確に認めない」を体質とするものであるのなら、きっとこのことに、薄々は気づいているのでしょう。

現場がなければ、会社は会社としての機能を果たせない

会社とは、その初めに「現場との一体感」を保っているものです。そうでなければ、会社というものが成り行きません。

「会社」なるものを創設したはいいけれど、仕事が全然入って来なくて、ただなる出費ばかりかさむ——それはつまり、その会社が「需要」というものを存在させる現場に着地していないからです。「我々」という会社があり、この会社は「あなたの需要」に応えるべく存在しているのだから、我々の会社を働かせてくれ——つまり「仕事をくれ」というアピールを、営業の外回りや宣伝によってして行かなければなりません。「それをしたけれども、一向に仕事がない」というのだとしたら、それはまだ「現場への着地努力が足りない」というだけです。

現在では、「仕事」というものが「既に固定されている明確ななにか」ということになってしまったらしくて、「仕事とはなにか？」という問いを投げると、必ず「私にとっての」という限定付きの答が返って来ます。それで私なんかは、「どの程度に仕事が出来るのかよく分からないあんたの〝仕事に関する個人的見解〟なんかよりも、〝社会における仕事とはいかなる

ものか〟の答が聞きたい」と思ってしまいますが、「仕事」とはつまり、「他人の需要に応えること」です。いくら当人にやる気があっても、それに対する「外からの需要」がなければ、「仕事」というものは成り立ちません。そして、それが「他人の需要に応えること」だから、仕事は時として、「うんざりするもの」なのです。

会社にとってもこれは同じことで、会社を会社たらしめる「外からの需要」は、「現場」というところへやって来るのです。

「現場」というのは、「会社と外部との接触面」であり、「そこから広がる会社の外部」です。もちろん、この「外部」というのは「会社にとって意味のある外部」で、意味があればこそ、会社はここと接触するのです。

出前のピザ屋に「現場」を見る

たとえばあなたは、自宅の一画かマンションの一室に「オフィス」を構えます。そこに会社としての表札を出します。それに、人が気づくかどうかは知りません。気がついたからといって、人がなんらかの反応を示すかどうかも分かりません。あなたの会社はまだ創設されたばかりで、人はロクに知らないのです。

オフィスにいるあなたは、宅配ピザの出前を取ります。やって来たバイト青年は、「会社の外部からやって来た人間」です。ドアを開けてピザを受け取り料金を支払う社内の人間は、そこで「会社の外部と接触する」をしましたが、別にそこで「会社に意味を持たせるような現場」が構成されたわけではありません。会社で注文したそのピザの代金が「会議費」や「交際費」や「厚生費」の名目で支払われたとしても、その出前青年が、「あ、ここって会社だったんですか」と言ってしまえば、それまでです。「外部」からやって来た彼は、「会社とは関係のない、なんの意味もない人間」です。

でも、もしその彼が、「あ、この会社知ってます。〇〇をやる会社でしょ」と言ったら、そこで話は微妙に違ってきます。彼は、「会社の現場と関わりのある可能性を持つ青年」になるからです。もしその彼に、「ねェ、君は出前であっちこっち行くでしょう？　行った先でウチの話してよ。またピザ取るからさ」と言ったら、その出前ピザの料金は、「広告宣伝費」として支払われる可能性を持つでしょう。

その青年との話は、「現場での営業」の一角にもなって、その青年は、「会社を成り立たせる需要を喚起する、〝現場〟にもなりうる外部の人間の一人」になるのです。もしも、あなたの開いたオフィスが、「若者相手のちょっとした物を売る会社」だったら、話はもっと簡単です。その出前青年にさっさと商品を売りつけて、「君が客の第一号です」と言えばいいのですから。

広告が「産業」になる以前、日本の会社にとって「ソバ屋の出前持ち」はかなり大きな役割を果たしました。あちこちに出前をするソバ屋の店員は、会社にとって有力な外部の情報をもたらす者であり、会社と「現場」になりうる外部をつなぐ役割を持っていました。それくらい、会社にとって「外部」は重要なものであり、会社が根を下ろして「現場」というものを拡大させて行かない限り、会社の存続、あるいは会社の発展はないと考えていたのです。それが、経済大国日本の草創期のあり方です。

創業時の会社に、現場との分裂はない

創業時の会社は、現場の声を聞いて会社のあり方を安定させます。つまり、現場と会社の間に分裂はないのです。あったら困ります。出来たばかりの会社は安定しません。すぐに傾いて終わりです。会社は現場に根を下ろし、そこから会社を養う利潤を吸収して、会社というものは安定するのです。

あなたの会社に現場との分裂がなくて、全社一丸の明確な方向性があるのなら、あなたの会社は、まだ新しくて、小さいのです。あなたの会社は、これから会社の形を安定させて大きくして行かなければならないので、現場の声を聞かざるをえないのです。であるならば当然、会社と現場の間に分裂はないのです。そこでは、上司が思いつきでものを言っているような「余裕」はないでしょう。

現場は動いています。それは、現場が動いているからではなく、あなたの会社が大きくなろうとして動いて、そのために現場との対応を常に図ろうとしている——だから、現場が動いているように見えるのです。

会社は、その現場を捕まえなければなりません。だから、現場と直接接触しているヒラの社員は、へとへとになります。現場は動き、それに対応して会社も動いているのですから、この接点にいるヒラ社員がへとへとになるのは当然です。だから、ヒラ社員には現場がよく見えません。揺れ動く現場に翻弄《ほんろう》されて、それをしようとしても焦点が合わないのです。だから、このヒラ社員達を管轄する立場の上司達に、「現場を直視する」という役割がのしかかってきます。混沌《こんとん》とした現場を見極めるために、「上司」という高い足場が必要になるからです。それは、戦場における戦闘員と指揮官の関係と同じです。

指揮官たる上司は、戦闘員のいる現場にバンバン指示を飛ばします。現場からは、後方の指揮官の元にどんどん戦況が伝えられて来ます。戦場では、指示の出し方一つで人が死にますが、会社ではそんなことがありません。指揮する側の上司は、揺れ動く現場を押さえ込むために、指示の出し放題です——つまり、思いつきでものを言い放題です。それに文句を言う人間はいません。文句を言う人間は、その矢継ぎ早の指示に翻弄されてくたびれた人間だけです。

この時の上司の「思いつきでものを言う」は、すなわち「アイデアの塊」です。「下手な鉄砲も数打ちゃ当たる」と言いますが、この時の現場は、釣りで言うところの「入れ食い状態」なんですから、下手だろうとうまかろうと、鉄砲はバンバン撃ちっ放しです――そうして「鉄砲打ちの名人」にもなるのです。上司の言うことに、部下をうんざりさせるような「思いつき」はありません。たとえそんなものがまじっていたとしたって、現実に適応しない上司の思いつきなんかは、勢いのある現場がはね飛ばしてしまいます。

この時の会社は、なにも問題がありません。この状態の会社がいやなら、それはあなたに体力がないか、働くこと自体が嫌いなのか、会社勤め自体が性に合ってないかのどれかです。創業時の会社は、この状態を経験して、安定した「会社」になって行くのです。

現場と出合えなければ、会社は簡単に枯れる

会社というものは、そのような現場との出合いによって基礎を確実にし、大きくなる一歩を踏み出します。現場との出合いがなければ、会社は会社としてスタート出来ません。大資本の子会社で、仕事のすべては親会社が段取りを整えてくれるようなところだって、「親会社が整えてくれた段取り」という「初めの現場」がなければ、会社としてのスタートが切れません。「その段取りをどうこなすか」が、その新会社の現場との戦闘で、それに慣れて、「ウチはテキトーにやっとけばOKなんだよ」になってしまった時から、「危機=退廃」が生まれ始めます。

別に「激しい戦闘」にならなくても、そこに「現場」が生じてしまえば、そこにあるのは「現場との格闘」です。そして、「現場」と出合わなかったら、いかなる格闘も生まれません。創設される会社が、自分達で一方的に「ここにこのような根を下ろす」と決めても、そこに会社が必要とする養分がなければ、会社という木は枯れるでしょう。需要がなければ、会社は成り立ちません。自身を枯らさないために、会社という木は、自分達に必要な養分と出合うため、どんどん根を伸ばして行かなければなりません。そして、それをしても自分達の必要な養分に出合わなかった場合は、根が吸い上げる養分に合わせて、木のあり方を変えていかなければなりません。

需要のないところに会社を作っても、すぐにつぶれます。「需要がないからと言って引っ込んでいられない。我が社への需要はあってしかるべきだ」と考えれば、「市場の開拓」ということになります。つまりは、「養分のあるところまで根を伸ばす」です。

需要があったとしても、これに応える供給体制が不十分なら、やっぱり会社は成り行きません。商品や原材料や、更には労働力確保のために、やっぱり「根を伸ばす」が必要になります。需要があって、それに応える供給体制が確保されても、市場という現場は移り気です。だから、「消費者のニーズに合わせる」という改変も必要です。現場との窓口になる社員達の態度が悪ければ、現場から拒絶されます。そうなったら、社内の意識改革や構造改革も必要です。

会社は、現場との関係によって、たやすくその形を変えなければなりません。設立前に考えていた会社の形と、設立後にどうやら軌道に乗った会社の形が大きく変わっているのは、不思議なことではありません。当たり前にあることです。会社は、現場に出合って大きくなり、現場に合わせて、その形を変えて行くものなのです。

景気のいい時、現場は勝手に会社へ利潤をもたらす

会社というものは、現場との緊張関係によって出来上がっています。それは一時、「格闘」や「戦闘」のような様相を呈します。その戦いに勝利して、会社は「会社」としての安定した道をたどります。つまり、「大きくなる道」です。

その道をたどっている間、会社に問題はありません。問題があったとしても、それが表面化して「問題」になることはありません。あったとしても、会社にとって、それは「問題化する必要がないこと」です。なぜかと言えば、その会社は「大きくなる道」をたどっているからです。

現場を制した会社は、順調に利潤を吸い上げます。吸い上げて「大きくなる」を可能にしています。会社というのは、「利潤を追求して、利潤を得ることを目的とする組織体」なのですから、それでいいのです。

利潤を得れば、会社は大きくなります。会社の目的は「利潤を得ること」で、「大きくなること」ではありません。しかし、利潤を得れば、会社は大きくなります。会社が大きくなるということは、「利潤を得続けていられる」ということで、これは、会社なるものの存在理由と目的に合致しています。だから、なんの問題もないのです。会社で「問題がある」とは、ただ一つ、「利潤が上がらず、会社が大きくならない」ということだけです。

現場を制した会社は順調に利潤を上げ、利潤が得られ続ける限り、この会社と現場との間に分裂はないということです。

そういうことが一方にあって、しかし、会社の規模は大きくなって行きます。それはつまり、会社というものの骨格を作る「上司のピラミッド」が大きくなるということです。「上司のピラミッド」は、裾野を広げ、高さを増し、その結果、「現場から遠い上司」の数を増やして行きます。だからこそ、「自分は現場から遠くない」と思う、「現場離れの出来ない、上司としての自覚のない上司」も数多く生みます。もちろん、会社の規模が小さくなって、「現場から離れられてしまった」という会社だってあります。その会社は、過去の一時期「大きくなる」を達成して、そこで止まってしまったのです。「我が社はもう大きい」とか「我が社はもう一流だ」とか思って、そこで化石化してしまったのです。そのような形で、「現場から遠い上司」がやたらと多い会社もあるでしょう。

現場を遠くして大きくなった「上司のピラミッド」は、その大きさを維持し、管理する必要を生みます。会社の中に、会社の外にある「現場」を扱わない部署が生まれるということです。会社の内部を維持管理する部署とは、「総務」というところです。ここの人間達は、会社の外ではなく、「会社の内部と会社そのもの」を現場とします。「総務」とは、「上司のピラミッドを維持し育成する部署」です。「会社の外」とは関係がありません。現場を制して「大きくなる」という道をたどれるようになった会社は、会社の外にある「現場」とは離れたところに、「会社そのものを管轄する組織」を作るのです。これが、「現場と会社の分裂の始まり」です。

会社の中の会社——総務

総務とは、言ってみれば「会社における専業主婦の妻」です。会社の基本目的である「利潤を上げる」という業務にタッチしません。「利潤は上がっている」という状況を前提にして、その利潤で、「会社という機構を大きくする、維持管理する」という役割をもっぱらにします。仕事で外にいることが多く、家を空けている夫に代わって、専業主婦の妻が「会社」という家《いえ》内《うち》の切り盛りをするのです。

その妻は、新しい家を望みます。夫にはそれを可能にする収入があって、金を借り入れることも出来ます。それで、「夫と妻の住む新しい家」は建てられます。その新しい家は、「家にいる」を前提とする、専業主婦の妻の好みと希望を全面的に反映して建てられます。そして、いつか気がつくと、家の中は「妻の趣味」で溢れ返っています。もちろん、夫の居心地は悪いのですが、妻の言うところは、「ここは私達の家」です。そこが「私達の家」である以上、夫は、家の中を飾り立てる妻の要求を無視するわけにはいきません。かくして夫は、「自分の家の中を自分の好みのままに飾りたがる妻」の要求のまま、家の外で働き続けるのです。

夫は、家の外で働き続けます。働き続けるからこそ収入を得られて、その収入は増え続けるのです。なにしろ夫は、「収入が増え続ける方向」でだけ働いているのですから。そして、その内に、家の中にいる妻には錯覚が生まれます。「夫の得て来る収入は、夫の働きによるものではなく、夫の地位《ステイタス》によるものではないか」と。

現場を制した会社は、順調に利益を上げ続けます。会社の規模も大きくなります。大きくなることによって「信用」を獲得し、一時は、その「大きさ」に由来する信用によって、マーケットの大半を独占してしまうことも可能になります。会社は、努力によってその大きさを維持しているのかもしれませんが、それと同時に、会社は「その大きさゆえにより大きくなる」という不思議な道をもたどり始めるのです。それはつまり、「現場との格闘によって利潤を得る」ではありません。「制圧した現場からの貢ぎ物によって栄華を得る」に近いものです。「夫（＝会社）の得て来る収入は、夫（＝会社）の働きによるものではなく、夫（＝会社）の地位《ステイタス》によるものではないか」と、会社の中の会社である総務が錯覚してしまうのも無理はないでしょう。そして実際問題として、「我が社は我が社であるがゆえに莫大な利益を上げていられる」という状態も、実現してしまっていたのです。

「夫の働き」になら、妻はタッチ出来ません。でも、「夫の身だしなみ」になら、専業主婦の妻はいくらでもタッチ出来ます。「あんたは、本当に身なりにかまわないんだから。あんたはもうえらいんだから、身なりにかまわなかったら、バカにされるでしょう。私がちゃんとしたネクタイを選んで、靴下も替えさせて、洗濯もして、あなたをちゃんとさせているから、あんただって人に尊敬もされるのよ。あんたがあるのは、誰のおかげよ」です。今では絶滅してしまったような「内助の功」は、かつて十分に存在したのです。総務とは、この「内助の功の妻」と同じようなものです。

かくして会社は、「会社であること」を自己目的化する

高度成長の時代に、日本の会社は大きくなりました。そして、大きくなった会社には「総務畑出身の社長」が何人も誕生しました。

大きくなった会社の維持管理は、片手間では出来ません。会社そのものを管轄する部署の発言力が強くなるのは当然です。なにしろそこは、「会社のためを思う部署」で、「会社の家計簿

を握っている部署」で、「会社の人事関係の情報も握っている部署」です。

会社は順調で、順調に利潤を上げ、順調に会社を大きくする方向へ進んでいます――特別ないいことをなにもしなくても順調なら、「特別なことをする能力」への評価は低くなります。会社は勝手に「会社としての機能」を発揮して、「順調」を実現し続けているのです。だとしたら、その代表である社長には、誰がなってもいいのです。社長に必要なのは、「会社を大きくする能力」ではなくて、その「順調」を持続する能力を備えてしまった会社そのものを維持管理する――そして、牛耳る能力なのです。会社の中のことに誰よりも詳しい総務畑のトップが社長になりやすいのは、いたって当然のことです。

かつては現場で熾《し》烈《れつ》な闘いを繰り広げていた創業時のバリバリメンバーだって、その奮闘のおかげで会社を大きくしてしまった後では、現場から遠く離れた「上司のピラミッド」の上の方にいます。彼等の知る「現場」は「昔の現場」で、「今の現場」ではありません。会社は大きく変わって、かつては現場と格闘したトップ達も、「現在の現場」を知る下の方から「古い」と言われることを警戒しなければなりません。

「現場によって会社を成り立たせる」が遠い昔のことになってしまって、それでもまだ会社が十分に安定して成り立っているのなら、現場と会社の間に分裂が生じても、たいした問題ではないのです。そして、「そんなもん、お前がなんとかしとけよ」の一言が、上司から「現場を預かる部下」へたやすく発せられてしまったら、その時に、もう現場と会社は遠いのです。現場と会社を遠くしておくことが出来るのが、「大きい」を達成してしまった会社の誇りにもなるでしょう。

　かくして、会社と現場との間の「距離」は当然のものとなって、会社は「会社であること」を自己目的化した組織になります。それは会社の化石化で、そこの社員達は、「上司のピラミッド」の一員となることを当然とします。そして、現場という「故郷」を離れ、思いつきでものを言うだけの上司になるのです。

第三章　「下から上へ」がない組織

一　景気が悪くなった時、会社の抱える問題は表面化する

景気が悪くなった時、会社の抱える問題は表面化する

景気のいい時の会社には、なにも問題がありません。でも、今は不景気です。だから、会社は問題だらけです。この問題を解決する方法は、今までの考え方からすれば、一つしかありません。それは、「景気をよくすること」です。なにしろ、景気のいい時の会社には、なにも問題がないのですから。

しかし、景気は一向に回復しません。このグルグル回りの虚しさがなにに由来するのかと言えば、すべてを「景気のいい時の会社にはなにも問題がない」に持ち込んでしまうところにあります。

景気のいい時の会社に、本当になにも問題がないのかと言ったら、そんなことはありません。「景気のいい時の会社は、問題があっても、それを簡単に隠蔽《いんぺい》してしまえる」というだけの話です。つまり、「会社の抱える問題を隠蔽出来るだけの大きな好景気が来なければ、会社の抱える問題は隠蔽できない」なのです。

「会社の抱える問題を隠蔽出来るほどの好景気の大波は来るのか？」と言ったら、むずかしい

でしょう。どうしてかというと、二十世紀の後半に会社というものは大きくなりすぎてしまって、ちっとやそっとのことでは、この全体を潤せるような好景気の大波が起こらなくなっているからです。だから、「好景気」の代わりに、余って金利の安くなった金を借りまくってあちこちに注ぎ込むという、バブル経済が起こったのです。

会社の抱える問題を解消するような景気の大波は来ない。それで、会社は問題だらけになっている。だとしたら、その会社の抱える「問題」とはなんでしょう？　そのあらかたは、もう見えているようなものです。

会社は、簡単に問題を隠蔽してくれるような景気の大波に出合えなくなった――それはつまり、会社が大きくなりすぎたからです。だからこそ、会社と現場の間には分裂が起こり、「現場から距離を置くしかなくなった上司達は、現場とは無関係な思いつきを口にする」という問題も、連動して起こっているのです。

会社は「利潤を得ること」を目的とするもので、それゆえに、たやすく大きくなる。「大きくなる」というそのプロセスの中に、既に会社の抱えるべき「問題」は宿っていて、その「問題」があらわにならないように、好景気の大波は待望されている。そして、その大波を受ければ、事の必然として、会社はまた大きくなる――大きくなればなるほど、好景気の大波の中に沈みにくくなる。

ということになれば、ここに「会社というものの抱える問題」の正体は明らかでしょう。「会社には〝大きくなる〟という動機に歯止めをかけるものがない」――これが、会社というものが抱える根本の問題なのです。

豊かになると共に、会社は現場をやせさせる

ここで少し「バブル経済」なるもののおさらいをしなければなりません。

世の中――あるいは地球の上には、さまざまな事情で「金に困っている」という状態の人達がいくらでもいます。であっても、あるところでは「社会に金が余っている」という状態が出現します。とても不思議ですが、バブル経済は、この「不思議」を前提にします。

バブル経済を作り出した「余っている金」は、「人に貸すための金」で、「金貸しの金」です。豊かになれる人達は、みんなある程度以上の金持ちになってしまって、金貸しから金を借りる必要がありません。この金を「借りる」ということは、すなわち、「利子をつけて返す」ということです。金を借りる側は、その金を元手にして「儲けて増やす」をしなければなりません。つまり、余っていた「金貸しの金」とは、事業に投資するための金なのです。

「事業に投資する金が余っている」ということは、それに対応するだけの「新しい事業」がないということです。会社は豊かになり、大きくなって、自分の事業をそれ以上大きくしなけれ

ばならない理由が、そんなにもない。自分達が必要な程度に自分たちの事業を大きくするのなら、そのための金は自分達でまかなえるようになっている。それはつまり、「利潤を得る↓会社を大きくする」の一本道で進んで来た会社が、飽和状態に達してしまったということです。

既に大きくなってしまった会社には、それ以上、自分達の事業を大きくする必要がありません。それはまた、それ以外の新しい事業が誕生する余地もないということを表わします。だから、事業に投資するための金貸しの金は、余るのです。

現代では、「金貸し」も産業です。「金融」という最大の産業です。利潤を上げて「大きくなる」を達成する可能性のある会社に、その元手を貸します。借りて、大きくなる可能性のある会社は、みんな大きくなりました。それが、バブル経済の訪れる二十世紀末です。

大きくなるところはみんな大きくなって、当面、金を借りる必要はありません。そういうところに金を貸して大きくしてしまった、金融という産業もまた、大きくなりました。元々大きかったものがさらに大きくなって、しかもこれは会社です。会社である以上、「利潤を得る」をしなければなりません。金貸しは金を貸すのが仕事で、金を借りる相手がいなければ、利潤は上がりません。ところが、利潤を上げようとしたバブル経済は、その代わりに大量の「不良債権」を生みました。これは、金融という産業が「金を貸す」という現場を失っていた結果です。

会社というものは、「現場」から利潤を吸い上げるものです。吸い上げられるだけの「現場」は、いつかやせます。金融という産業に属する会社もその例に洩れず、「現場」から利潤を吸い上げ、自分の会社を豊かにして、「現場」をやせさせてしまっていたのです。

金融がやせさせた現場は、「経済という市場全体」という、とても大きな現場です。「余った金」が不必要に経済を拡大させて、拡大した経済の規模に見合った収益が上げられない――つまりは、「経済という市場全体」がやせたのです。景気というものがちっとやそっとで回復しなくなっているのは、そのためです。

「現場はやせても会社はやせない」という矛盾

現場がやせてしまった時、会社の択《と》るべき道は三つです。

やせた現場を豊かにする努力をする。あるいは、やせた現場を捨てて、改めて新しく豊かな現場を求める。あるいはまた、やせ細った現場に合わせて、そこに存在する自分達の会社のありようを変える。「現場」がやせてしまった時の会社の進むべき道は、この三つしかないはずです。

ところでしかし、「三つしかない」ということは、「三つもある」ということでもあります。三つもあるのに、しかし会社というものは、どうもそういう気がつき方をしないものです。なぜかというと、会社は一つの道しか選ばないからです。その一つの道とはすなわち、「新しく豊かな現場を求める」です。「求める」が最初に来てしまうので、「そういう現場は果たしてあるのか?」という思案は、後回しになります。どうしてかというと、会社がそういうものだからです。

　現場はやせています。でも、会社はやせていません。会社も現場もやせているんだったら、会社の側にも「なんとかしよう」という気は生まれますが、現場をやせさせた結果の会社は豊かなのです。「このままでは危ない」ですが、現在はまだ危なくありません。どうすれば「危ない」に直面することになるのかと言えば、「このままやせた現場にしがみついていれば」です。それが明らかになった時、会社のすることは一つでしょう。すなわち、「新しい現場を探す」です。

「需要」という現場がやせた時、これを豊かにするのは、「改めて需要を喚起する」という方法だけです。それはたとえば、「大金をかけて大宣伝をする」です。うまく行けばいいですが、うまく行かなければ、かけた金を無駄にするだけです。しかも、その度合いの方が高いのです。

　企業というものは普通、一度売れなくなった商品を、再宣伝して売り出すということをしません。それはもう「いらなくなった商品」かもしれないのです。そんなことより、新しい商品を開発した方がいい——普通、こちらを選びます。「新しい現場を求める」というのは、「ありそうな利潤を求める」ということで、「やせた現場を豊かにする」は、「なさそうな利潤に無駄金をつぎ込む」に近いものでもあります。「利潤を求める」を目的とする会社にとって、「やせた現場を豊かにする」は、会社のあり方に反することでもあります。そのことは、「やせた現場に合わせて会社のありようを変える」にも言えます。

「やせた現場に合わせて会社のありようを変える」とは、「リストラで会社の規模を小さくする」ということでもありますが、ここにはまた、「儲からなくてもいいという方向に会社を進める」という方向もあります。

「リストラで会社の規模を小さくする」は、「そのことによって会社の利益を落とさない」ですが、マーケットの規模が小さくなってしまったら、「その小ささに合わせて会社の収益を少しずつ落として行く」もまた、「現場に合わせて会社を変える」です。理論上はありうる可能性ですが、実際にそんな選択をする会社はないでしょう。なぜかと言えば、会社というものが「利潤を求める」を基本性格とするものだからです。「利潤を求める」とは、「より多くの利潤を求める」であって、「より少ない利潤を喜んで求める」ではないのです。

というわけで、現場がやせた時、会社というものは、必ず「新しい現場」を求めるのです。「求める」のが先で、そういうものがあるかどうかは、また別です。

余った金は、あっと言う間に「新しい産業」さえ作る

バブル経済が破綻して、景気と経済を立て直すために言われたのは、「新しい産業の創設」です。「新製品の開発」を越えて、「新産業」の開発です。「新しい産業の創設」と言われてしまうと、なんとなく希望に満ちてもいますが、それが「新産業の開発」だと思ってじっと考えると、なんだか空恐ろしくなります。それはつまり、「かつて経済というものを支えていた、〝産業という現場〟そのものがやせた」という事実を背景にしているからです。

「産業」という現場はやせたのです。しかし、その現場から利潤を吸い上げる経済は、やせていないのです。ただ「このままでは危ない」と思って、新しい現場を求めているだけです。「新しい産業」の代表格は、情報産業——ITです。日本でも総理大臣が、「これからはITだ、ITを盛んにしよう」と言いました。それから一年たったかたたない内に、「ITバブルははじけた」という声が聞こえました。はじけて、でもIT産業が壊滅状態だというわけでもないらしいですが、どこかで「ITバブルがはじけた」という事態はあったのでしょう。つまり、ITという新しい投資の現場を求めて、そこに余っている金がどっと流れ込んだということです。現場はやせて、でも会社はやせていないから、「余った金」はちゃんとあるのです。

余った金は、あっと言う間に、経済のための新しい現場——すなわち「新しい産業」まで作ってしまいます。作られて出来てしまえば、それはちゃんと存在していいますが、存在してしか

し、それが本当に必要なものかどうかは分かりません。それが必要なのは、余った金を持っている「経済という会社」だけで、「会社には必要だが、人間には必要かどうか分からない」という大問題だって残ります。

「経済という会社」という表現は不思議ですが、現在の世界の経済は資本主義経済で、資本主義経済は会社によるものなんですから、現在の経済のあり方を「経済という会社」と表現しても、そうそうおかしくはないのです。

二十一世紀の経済は、その基盤自体が危うい

「金があるからいいじゃないか」という考え方は、実は昔の考え方で、バブル経済を到来させてしまった二十世紀後半からの現実は、「金があると困る」です。

なぜ困るのかと言うと、「使い途《みち》がないから」ではなくて、「増やしようがないから」です。なぜそんな困り方をするのかというと、会社というものが「利潤を得る」を根本の目的としているからです。それが根本の目的である以上、「利潤を上げられない」は、会社のありように反しているのです。だから、「増やしようがない」という困り方をするのです。そういう困り方をする会社がどれくらいの富を有しているのかは関係がなくて、莫大な富を有していても、その富の「増やしようがない」は、会社にとって、致命的なものです。なぜかと言うと簡単で、

「金を増やす＝利潤を上げる」は、会社が生きていることの証拠で、利潤を上げない会社は、「生きていることを放棄する方向へ向かっている会社」になるからです。

資本主義がスタートする十九世紀は、「金を集めて会社を作る」が簡単に行かない時代でした。だから、そのためのルールが作られました。人が金を持ち寄って、「経営者」なる人物に会社を作らせ、そこで利潤を上げ、その利潤から「会社を成り立たせる経費」を差し引いて、残りを「会社創設のための金を持ち寄った人達＝株主」で分けるというルールです。

そんなことが必要だったのは、金というものがなかなか集まらなかったからです。だから、「利潤を上げる」は重要なことでした。「金があるからいいじゃないか」は、そんな時代の考え方です。今では、「金があると困る」で、「誰か、この金で会社を作ってくれないかな」と、金を持っている人達が考える時代です。「すべては逆転してしまった」と言ってもいいかもしれません。

「金を集めて会社を作る」が大変だった時代は、「産業を作る」などということは、国家の後押しでもない限り、簡単に行かないことでした。そしてまた、「金を集めて会社を作る」が簡単に行かない時代は、「会社を作ったからと言ったって、そんなに簡単に利潤は上がるのか？」と、人が慎重に構えていた時代でした。なぜかと言えば、会社が根を下ろせるような「現場」がそうそうなかったからです。その代わりに「未開の地」だけがありました。「未開の地と格闘してそこを現場に変える」という困難があったので、すべては簡単に行かなかったのです。今や、「未開の地」は消えようとしています。「未開の地」はすべて「現場」に変えられて、その「現場」は利潤を吸い上げられてやせ、それで「新しい現場」が求められているのです。それが二十一世紀です。

だから、二十一世紀の会社は、観念で「新しい現場」を作るしかないのです。「未開の地」はすべて「現場」に変えられ、その「現場」がやせて、使いものにならなくなったからです。事実上、「現場」の存在する余地はなくて、しかも「新しい現場」は作られるのです。だとしたら、それは観念の産物でしかないでしょう。

二十世紀まで、「現場」は必要によって生まれ、作られた。二十一世紀の「現場」は、観念によって作られる。二十一世紀の経済がいたって危うい基盤の上に乗っかっていることだけは、間違いがありません。

であっても、「思いつきでものを言う上司」は、あなたの前に存在する

バブル経済の到来以後、経済は、実態から離れた観念的なものになりました。だから、金をあちこちに動かして「数字上の利潤」を競うマネーゲームが、経済の主流にもなりました。経済そのものが「現場と会社の分裂」を呈してしまって、二十一世紀は始まりました。

だからこの先どうなるのかというと、そんなことは、知ったこっちゃありません。この本は「二十一世紀経済の先行き」を語る本ではなくて、ただ『上司は思いつきでものを言う』です。「二十一世紀経済の基盤」が危うかろうと、危うくなかろうと、あなたの前にはちゃんと、「思いつきでものを言う上司」がいるのです。その上司はもしかしたら、会社のトップである社長かもしれません。「上司が思いつきでものを言って、部下である自分はそれに振り回されている」というのは、自分の人生の根本が危うくなるような危機で、大問題です。それに比べれば、「二十一世紀経済の先行き」なんか、どうでもいいことです。

「二十一世紀経済の先行き」が危うくたって、人は必要なものを求めるのです。必要なものを供給する組織は必要なのです。つまり、「二十一世紀経済の先行き」が危うくとも、必要を供給する会社は必要なのです。供給は必要で、でもそれをする会社がひたすらに大きくなることは、そう必要でもないのです。

考えてみれば分かります。「二十一世紀経済の先行き」を「危うい」と考えなければいけないのは、既に大きくなってしまって、でありながらも「更に大きく」を当然としている、「不必要に大きくなってしまった組織」だけなのです。

現場がやせて困る人はいるでしょう。しかし、やせたにしろ、現場はまだあるのです。だから、会社もまだあるのです。現場がなくなったら、会社そのものは成り立ちません。そして、現場だって会社を必要としているのです。

あなたは、やせた現場と向き合い、「会社」ではなく、「現場」を豊かにして行く——そのことによって会社を維持して行かなければならない会社員で、別に「増やしようのない金」を抱えて頭も抱える、大金持ちの投資家ではないのです。そんなあなたにとっての最大の問題は、上司の思いつきに振り回されることで、「どういうわけかそういう仕組になってしまっている会社にいる」ということ以外にないはずなのです。

二 「下から上へ」がない組織

会社が、「利潤を上げる」を至上命題とするものであっても

私の話は、いつの間にか「おとぎ噺《ばなし》を語る」みたいになりつつありますが、それは、私が「他人の建前につきあって、それに即して話を進める」ということに飽きたからです。「利潤を上げる」が会社の目的で、至上命題で、その結果、会社が「大きくなる」を必然とするものであっても、ものには限度があります。肥りすぎの人間が、「肥りすぎであること」を根本の前提にして、「なお食べ続け、なお肥り続ける」を目的にして、食い続け、肥り続けて行ったって、それを「真」としなければいけない理由はありません。「いつか困ったことになるよ。現に、もう困ってるじゃないか」と言うだけです。「それでも食い続け、肥り続けなければならない」というのは、当人にとってだけ意味のある理由で、ハタの人間には関係のないことです。

「会社には〝大きくなる〟という動機に歯止めをかけるものがない」と言われたって、歯止めをかけた方がいいものに歯止めをかけないのは、バカというものです。「人はどれほど肥れるか」を追究しようとして肥り続け食い続けて早死にするのと、「適正体重を取り戻して至当な寿命を生きる」のと、どちらがまともかということです。

「会社が大きくなる」ということは、「上司のピラミッド」の規模が大きくなって、上司と現場との距離が開き、現実離れのした思いつきがまかり通ることです。部下にとっても不幸ですが、上司本人にとっても不幸でしょう。「世界経済」の基本単位となるものは、そういう小さな「部下と上司の関係」でもあるのですから、そういうところから「世界経済の未来」を考える手があってもいいはずです。この本は、行くのならそっちの方へ行く本なので、そっちの方へ行きます。

どうして日本の会社は、「大きくなる」を野放しにしたのか

どうして日本の会社は、「大きくなる」を野放しにしたのか？——これは、とんでもなくむずかしい質問である以前に、「なんでそんなことを考えなきゃいけないの？」と言いたくなるような、バカげた疑問であるのかもしれません。この問いは、「だって、誰だって金持ちになりたいじゃないか」という答を招くようなものだからです。つまり、「かつての日本は貧しかったから、豊かになりたいと思った日本人は、みんなで会社を大きくした」ということになります。間違った答ではないでしょう。

ということになって、この私の言うべきことは、「じゃァさ——」です。「かつての日本は貧しかった」というのは、いつのことなんでしょう？

「江戸時代の日本は貧しかったのか？」——この問いには答えようがありません。なぜかと言えば、江戸時代の日本は鎖国をしていて、外国と日本を比べなかったからです。比較を拒んで平気でいられたものを、他と比べてもしかたがありませんし、比べようがありません。江戸時代の日本が貧しかったかどうかは、「江戸時代以後の状況」から類推して考えなければなりません。

開国して明治になった日本は、近代化へと向かいます。「近代化」というものがなかなか達

成しにくいものであることは、世界史が証明しています。日本はそれをさっさと達成してしまった例外的な国です。それをさっさと達成してしまえたという点において、日本の国力は「豊かだった」と言ってもいいでしょう。江戸時代の日本は別に貧しくもなく、明治以後になって、西欧列強と比べて「遅れているか、遅れていないか」が改めて問われるのです。「豊かか、豊かではないか」ではありません。それが真実です。

「少しくらい豊かさにおいて劣っているところがあったとしても、〝遅れ〟を取り戻してしまえば、その問題は解決される」――近代化をスタートさせた国の考えるべきことはこれです。それを考える日本は、まだ貧しくありません。「貧しい」が問題になるのは、第二次世界大戦後のことです。

戦争に負けた日本は、焼け跡だらけです。ろくに食糧もありません。歴然と貧しく、そして「戦争に負けた」という事実から逆算すれば、「以前からたいして豊かではなかったのではないか？」という、過去に対する疑問さえも浮かび上がります。「日本は貧しい」という認識は、第二次世界大戦後の廃墟から生まれて来るのですが、しかし、「廃墟以前の日本はどれくらい貧しかったのか」は、よく分かりにくいことです。

さまざまな指標を欧米各国と比べて、「戦前の日本はこのように貧しかった」と、統計的にあれこれするのは簡単なことでしょう。しかし、その日本に住んでいた日本人が、自分達の国を「貧しい」と思っていたかどうかは、分かりにくいことです。

「廃墟」に至るまで、戦争を続行させるための耐乏生活の長い時間があって、それが無意味になった後で、「豊かなアメリカ」が廃墟の日本にやって来ます。「日本は貧しい、アメリカやヨーロッパは豊かだ」という認識は、そういう極端な精神的ストレスの中で獲得されて行くのです。

戦後の日本は、そのように認識された「貧しさ」の中で、「豊かさへの道」をスタートさせて行きます。あるいは、その「貧しい」という屈辱感が、日本の会社を大きくするために働いたかもしれません。しかし、その前提となる「我々は貧しい」という動機が、正しかったかどうかは分かりません。それは、第二次世界大戦後の日本に一時的に出現した、「廃墟」と「敗北感」のもたらした心的外傷だったかもしれないのです。そう思うと、その後の日本の歯止めの効かない「高度成長願望」の正体も分かるように、私には思えるのです。

日本の会社には、宿敵が二つあった

戦後の経済活動を再開する日本の企業は、やがて海外の巨大企業とぶつかります。まだ十分な力を持てなかった日本企業に対して、アメリカやヨーロッパの企業は巨大です。その「敵」あるいは「目標」を前にして、日本企業が「もっと大きくなってやる！」というライヴァル意識を燃やすのは、不思議ではありません。でもしかし、日本の企業に「大きくなりたい！」と思わせる宿敵のようなものは、もう一つあります。

それは、国外ではなく、国内にあるもの——つまり、「官」です。「官対民」という対立構図は歴然とあって、その対立の元となる「官尊民卑」の意識が、日本の民間企業に「大きくなって見返してやる！」という意識を植えつけた——そんな局面は明らかにあっただろうと、思われるのです。

新しい町人

明治維新を達成したのは、下級武士です。しかし、その明治の時代に近代化を推進して行くのは、新しい町人です。「新しい町人」という言い方はへんですが、これは、明治になって出来た新しい支配階級——「官」に対する、「民」です。

明治の維新政府は、それまでに官僚として存在していた武士階級を一挙に消滅させてしまいました。ある時、一斉に支配階級の人間がいなくなってしまって、それで内乱状態に陥ることもなかった日本人の変わり身の早さには仰天してしまいますが、新政府を作ってもそこで働く官僚がいない、「だから作ってしまえ」という決断もすごいものです。そうやって突然登場する官僚養成施設が、後の東京大学です。東大出の人間がどれほど優秀かは知りませんが、東大

（帝大）出の人間が「格が上」と思われていたことは事実でしょう。なにしろ、「東大を出る」ということは、そのまんま「国家の中枢に存在する高級官僚＝武士に代わる新しい支配階級になる」だったのですから。

明治になって「士農工商」の身分制度はなくなり、維新政府は、自分達のための人材養成施設を新たに作りました。そして、その東大を出た人間は「官」へ行き、「民」を指導する立場に立ちます。それはそれでいいのですが、しかし、その「官」に指導される「民」の方は、決して愚かではありません。なにしろ彼等は、突然「武士」という支配階級、行政を担当する官僚達を失って、一向にパニックを起こさず、さっさとその「時代の転換」を呑み込み、受け入れてしまった人間達なのです。「明治の民衆」というと、ただ「文明開化に驚いて口を開けるだけの素朴な人達」と思われてしまいますが、決してそうではありません。「東大へ行って官僚になる人間」が優秀なら、それを生み出す日本人達もまた、優秀なのです。

当然、「民」の方だって新しい人材を必要とします。そして、その新しい人材を生み出す能力も、「民」の方にはありました。「官」が東大を作ったのなら、「民」の方だって多くの私学を作ったのです。

「官」の人材は、東大とその他の帝大が作る。「民」の人材は、私学が作る。だから、日本の会社の人材——つまり実業界の人間は、多く私学から生まれたのです。

そうして、近代の日本には、「官」と「民」との二つのグループが生まれます。問題は、それがいつの間にか「二つの階級」のようになってしまったことです。

「官の優位」はどうして生まれたのか

「官はどうして民よりえらいのか？」――考えてみればむずかしい、いたって哲学的な問題です。そして、おそらくはそんなむずかしい考え方をしたって、得るところはほとんどありません。だから、もっと俗っぽく考えます――どうして、「官は民よりえらい」ということになっていいいいてしまうのか？

民と官を比べれば、税金という収入源を持つ「国家」に代表される官の組織の方が巨大で強大なのは、決まっています。官には、民を取り締まる許認可権もあります。しかし、官と民は、別に生まれによる身分制度ではありません。それは単に、「東大に行くか、行かないか」で、「東大を出て官に進むか、進まないか」の選択の問題でしかありません。「行けるか、行けないか」は能力の問題でもありますが、人生の一時の、人間の能力のある部分に関するテストの結果を、そのまま「能力の問題」と言い切るわけにもいかないでしょう。

しかし、であっても、官は民の上に立つ。初めから「官へのルート」を選択しなかった人間が、「なんでェ、あんなもん」と言っても、官は民の上に立つ。官に対する民は、「新しい町人階級」と言ってもいいようなものなのです。

それでも、戦前は「民」に属する実業家の一部に爵位が与えられて、「華族」に列せられていました。官と民はどこかで「一つ」だったわけですが、戦後はその華族制度もなくなりました。官は官、民は民になり、これが手をつなぐと「癒着《ゆちゃく》」と言われるようにもなりました。官と民はどこかで一線を引いて、しかも、民主主義の世の中になって、「官は民より上」とする必要もなくなりました——そのはずなのに、でも、官には相変わらず許認可権があります。「税金」という巨大な収入源もあります。「行政指導」の名の下に、民の上へ立ちます。国家という組織は民間の会社なんかよりもずっと大きく、「東大出の人間は優秀だ」という思いこみも相変わらずあります。東大出の人間は、相変わらず官へ多く進み、東大の中では官に進む法学部の学生が一番出来がいいことになっていて、そこで成績のいい人間が旧大蔵省（現財務省）に入って、「官僚の頂点」と言われる大蔵事務次官になる——ということになっていた。

どうでもいいと言えばどうでもいいことですが、ムカムカすると言えば、これ以上ムカムカすることもありません。

戦後の「民主主義の日本」になって、戦前はその長が華族に列せられてもいた財閥も解体されて、でもふと気がつくと、戦後の日本では改めて「官の優位」が歴然となり、動かなくなっていた。これに頭に来た「新しい町人」達が、自分達の会社を世界に通用するようなレベルに引き上げるだけの発奮をした。日本の会社が「大きくなる」を善とし、悲願のようにしてこの目標に突き進んだ陰には、「官の巨大に負けてたまるもんか」という対抗意識があったことは、十分に考えられることなのです。

それはなにかに似ている

それで、日本という国を「一つの会社」として考えます。

「会社国家」とか「会社社会」という言い方は、日本を評する言葉として当たり前に存在していました。だから、「日本という国を一つの会社として考える」は、さして不思議な考え方でもないでしょう。ということにして、一つ質問です。日本という国が一つの「会社」だった場合、官僚達の作る「官」は、その会社の「どの部署」に当たるでしょう？

「重役会のようなポジションか？」と考える人は、「官尊民卑」の考えにとりつかれている人で、バブル経済前後の時期の会社のあり方から抜け出せない人です。ちょっと考えてみれば分かると思います。「官」は、日本という会社の「総務部」なんです。「官」を「重役会のようなポジション」と考えるのは、だから、「総務の人間が会社を代表する」が当たり前になってしまった、高度成長からバブルの時期の考え方なんです。

「官」という部署は、現場を持ちません。これを担当するのは「民」です。総務は、現場から離れた「会社の中」を現場とする、「会社の中の会社」です。とても「官」にふさわしい部署であることは分かるでしょう。

たとえば、第一章に登場した奇妙な「埴輪の会社」は、会社であるよりも、天下りのトップを持つ特殊法人のあり方でしょう。その組織を成り立たせる金は、国から入って来る。会社として営業をしていても、その営業状態を深く考えなくてもいい——これはとても特殊法人です。そして、会社のあり方が明確になって、現場に確実に根を下ろして、ほとんど「自動的」と言ってもいいぐらいに現場が会社に利潤をもたらし、「大きくなる」を可能にしてしまった段階の会社は、「金はどうせ入って来るんだから」でアグラをかいていられる、特殊法人のあり方と似てしまっているのです。

「上司は思いつきでものを言う」と言います。「それはこのようなもの」と描写される上司像を、もっと一般的な言葉で言ったら、どうなるでしょう？　それはつまり、「官僚じみた」であり、「官僚ぽい」であり、「官僚臭い」ではないでしょうか？　「要するに」で今までをひとまとめにしてしまえば、「大きくなった日本の会社は、どんどん官僚組織に似てしまった」なのです。

官と民とはどこが違う

私は今まで、「会社」という言葉と、「会社に代表される組織」という言葉と、この二つを使い分けて来たつもりです。「会社」は会社ですが、「会社に代表される組織」になると、そこには官僚組織や特殊法人も含まれます。私は、そのような使い分けをして来ました。ということは、「民」に属する会社と、「官」に属する組織とでは、なにかが違うということです。

会社組織は、たやすく官僚化する。しかし、官僚組織はたやすく会社化しない。官僚組織は、するんだったら、より官僚化する。会社化しようとしてたやすく失敗する――それは、特殊法人や第三セクターと呼ばれるものの失敗の多さが証明しています。一体、この違いは、なにによるものなんでしょう？

官の組織は現場の声を聞かなくてもいい

会社には「二つの風」が吹いています。一つは、その命令系統に即した、「上から下へ」の風です。これは、会社の上の方から現場へ向かって吹きます。もう一つの風は、これとは反対向きの、現場から会社の上へと向かって吹く風です。会社には、この二つの方向の違う風が吹いています。しかし、官庁や地方自治体や特殊法人という官の組織では、この風が一つしかありません。「上から下へ」だけです。「下から上へ」はありません。なぜかというと、官の組織には、「現場の声」を聞く必要がないからです。

もしかしてあなたは、「まさか、そんなこと――」と思ったんじゃありませんか？「官僚が外部の声に耳を傾けたがらないという傾向はあるにしても、〝官の組織は現場の声を聞く必要を持たない〟は言いすぎなんじゃないか」とあなたが思うなら、あなたは、水戸黄門的な「民の心に思いを馳せる慈悲深いお役人様」という幻想に毒されているのです。

「官の組織が現場の声を聞く必要がない」というのは、官僚がその仕事の範囲を法律で定められ、それに基づいて動いているからです。どう動くのかは「上」が定めることで、官僚の仕事は、「上」から下って来た任務を、忠実に果たすことだけなのです。

　官の組織は、「利潤を得ること」も目的にしません。「利潤」は「現場」から吸い上げられるもので、だからこそ「利潤を得る」を目的とする「会社」は、現場の動向に耳を傾けざるをえません。しかし、官の組織は、「利潤を得る」を目的にしていません。だから、「現場の声を聞く必要はない」なのです。

　だから当然、官の組織には「下から上へ」の風が吹きません。吹いたら大変です。それは、古い言葉で言うところの「下克上」になることだからです。だからこそ、昭和の初めに出版された大槻文彦の辞書『大言海』は、「下克上」に対して「此語デモクラシイとも解すべし」と述べているのです。

「下から上へ」がない組織

官僚の仕事は、法律が決めます。官僚の仕事のあり方を左右する予算も、法律が決めます。法律を決めるのは、国民が選んだ政治家——議員です。

しかし、官僚は議員の部下ではありません。議員も、官僚の上司ではありません。議員は立法府に属するもので、官僚は行政府に属するものです。官僚組織の上司に当たるのは、議員達や国民によって選ばれた行政府の長——総理大臣や知事や、町長や村長や市長といった人達です。

官僚は、国民によって直接的、あるいは間接的に選ばれた行政府の長に従う者で、立法府の人間に従う者ではありません。それを言うなら、「従ってはいけない者」です。なぜかというと、三権分立の原則があるからです。

官僚は、議員が定め、あるいは承認した法律に従って動いて、議員が定めてもいず、承認してもいない法律に従ってはいけないものです。だから、どっかから誰かが、法律の規定にはずれたか、法律に規定されていない案件を持ち込んで、「困っているからなんとかしてくれ」と言って来ても、「それはこちらではなんとも出来ないことです」と言って拒絶してもいいのです。つまり、現場の声に耳を貸す必要はないのです。

もちろん、官僚達には、「自分達の判断能力」があり、自分達の持てる権限内でやれることもあります。ありますが、しかし建前として、官僚は、「上から下って来た任務を果たす者」なのです。だから、「そんなことは知りません、そんなことは出来ません」と言って、現場から上がって来る声を拒むことも可能なのです。

だから、既に法律において定められている行為を実行しようとして、その前に「反対！」を叫ぶ国民が現れても、これに耳を貸す必要はないのです。つまり、現場の声に耳を傾ける必要はないのです。

耳を傾ける必要がないのですから、官僚にとって、「現場からの声」はないも同じです。それを言うなら、官僚には「現場」さえもないのかもしれません。官僚は「総務」と同じですから、「会社の中」しか現場にしません。つまり、官僚にとっての「現場」とは、役所の外の現実とは接しない、役所の決めた「自分の管轄」というものの内側だけなのです。官僚にあるのは、ただ「正しい手続きにのっとった」とされる、「上からの命令」だけです。

第二章で私は、《日本の会社の上司には、「その場で部下のまともなアイデアを拒絶する権限」など、ないのです。あるのは、「部下のまともなアイデアを上に上げる権限」だけなのです》と書きました。それで言うなら、日本の官僚には、「その場で現場からの声を拒絶する権限と任務」はあって、「現場の声を上に上げる任務と権限」はないのです。

なぜそうなるのかというと、官の組織には「上から下へ」だけがあって、「下から上へ」がないからです。なくてもいいのです。なぜかと言えば、官僚の下に「声を発する現場」がないからです。

ということになると、「じゃ、国民はどこにいるんだ？」という疑問の声も上がるのかもしれませんが、それは「国民主権」という考えを知らない人の発言です。

官僚の上には行政府の長がいて、行政府の長は国民に選ばれているのですから、国民は「行政府の長の上」にいるのです。

国民に選ばれた行政府の長が、暴走したり独走したりしないように牽制《けんせい》するのが、立法府の議員です。この議員達もまた国民によって選ばれているので、国民は、行政府を牽制しうる議員達の上にいるのです。名もない民が悪いお役人様に虐《しいた》げられた昔と違って、今では国民は、役人の下にはいないのです。だから、官僚の世界では、現場からの声を上げる者はなくて、「下から上へ」の声はなくてもいいのです。

もちろんこれは、全部が建前ですが、建前とはすなわち「基本原則」なのですから、官僚が建前通りに存在して動いて、人に咎《とが》められる理由はどこにもないのです。

「他人の建前」につきあっていると

官僚というのは、マニュアル通りにしか動けなくて客をイライラさせる、新人かバイトの店員みたいなものですが、最近では「管理職のマニュアル」もあるそうです。それはすなわち「経験で覚える」がないということで、「経験」を発生させる現場がない、ということです。「そういう風に官僚化は進んでいるのか」と思いますが、官僚というのは、「客からマニュアルにはないことを言われてオロオロしている愚かな新人やバイト達」とは違います。どうしてかと言うと、官僚には、そういう場合の裏マニュアルがちゃんとあるからです。それはすなわち、「上に言って下さい」です。

官の組織は「上から下へ」の一方通行なので、もしも「現場」であるようなところから声が上がって、それが反論の出来ないような「理にかなったもの」であるのなら、これに対する人間は、その組織のあり方に従って、「私ではなんとも出来ないので、上に言って下さい」と言います。言うだけで、「上にお連れします」はなくてもかまいません。自分が「現場の声」を「上」に通してしまったら、それは「組織のあり方」に反する下克上にもなってしまうので、「そのクレームは上にして下さい。私は立場上、上にお連れすることも、上に話すことも出来ませんが」と言うのが、正しくて丁寧な言い方になるのかもしれません。

ということになると、どうなるのか？　官僚組織の対応に文句のある人は、いちいち行政府の長のところに文句を言いに行かなければなりません。市長や町長や村長や、知事や各省庁の大臣や総理大臣が、そう簡単に「はい、なんですか？」と言ってくれるとも思えません。仮に、そんな風にいちいち「民の声」に答えて対応してくれる行政の長がいたりしたら、その人は、苦情を言いたがる人の群れを相手にして、二十四時間以上を過ごさなければならなくなるでしょう。バカげています。行政府の長にそんなことをさせる官僚組織は、一体なんのためにあるんだ？——ということにもなります。

「なんのためにあるんだ？」は言いたいことですが、しかし、向こうの言う「それは上に言って下さい」は、官の組織の建前上、正しいことなのです。

ああ、バカらしい。

私は、他人の建前につきあっているとすぐに飽きてしまうので、「そんなことどうでもいいや」と思ってしまうのです。

それは典型的な「官僚式思考パターン」だ

たとえば、あなたは「官の組織」に文句があります。それを、窓口になっている人間に言います。当然相手は、「私に言われても困ります」と言います。それで、「官の組織は上から下への一方通行だ」と知るあなたは、その組織のトップか、その組織の動きを決める法律《マニュアル》を作る立場の人間のところへ、文句を言いに行きます——これが普通のやり方です。

でも私自身は、その先でエンエンと続く不愉快を考えてしまうので、そんなことをしません。

その代わり、もっと別のことを考えます。それは、「このバカバカしい官僚的な手続きにつきあうことは、なにに似ているだろうか?」です。もちろん、この私のことですから、突然ここで突飛なことを言うわけです。

その官僚組織の「窓口になっている人間」は、あなたの提言に対して、口から出まかせの思いつきを言う上司と同じものです——私は、そのように「似ている」と考えます。

自分の建設的な提言を上司の思いつきでひっくり返されたあなたは、「なんでこのオヤジは、こうもいい加減でテキトーなことを言うんだろう」と思います——怒ります。ところがしかし、もうこの本を読んで利口になったあなたは、「なぜ上司というものは思いつきでものを言うのか」の理由を知っています。知っているあなたは「現場」の側に立って、上司は、現場から離れた「上司のピラミッド」の中にいるのです。だったら、こう考えてもいいはずです——。

つまり、現場から離れて「上司のピラミッド」の一員になっている上司は、現場の声を「ない」と考えていい、現場を持たない官僚と同じなのだと。

官僚はともかく、あなたにとって重要なのは、「思いつきでものを言う上司」です。

なぜその上司が現場から離れてしまったのかと言えば、会社が大きくなってしまったからです。大きくなった会社は「大きくなる」という一方向にしか進まず、しかも、二十一世紀の世界経済は、「さらに大きくなる」を可能にしてくれそうもありません。

そうなるとどうなるのでしょう？　あなたはもう分かりません。会社の規模はこのまんまで、それでもかつてがそうだったように、ジリジリと少しずつでも大きくなって行くのでしょうか？　それは「会社のあり方」からすれば正しい方向ですが、だとすると、この先のあなたの上司は、相変わらず現場から距離を置いたまま、「思いつきの言いっ放し」になります。

そんなことはいやです。それであなたは、「会社が利潤を上げて大きくなるだけの時代は終わった。二十一世紀の世界経済は、その結果を踏まえて、新たなる進路を目指すべきだ」と考えます。そうすれば、あなたの上司だって、もう思いつきでものを言えなくなるのです。

これは、とっても正しい考え方です。理論上間違いはないと言えるでしょう。しかし、ここで一つ質問です。そんなことを考えるあなたに、「二十一世紀の世界経済のあるべき姿」が分かりますか？

もちろん、そんなもん、分かるはずがありません。誰にだって分かるはずもありません。でも、あなたはそれを考えようとします。なんでそんなことを考えるのかと言えば、「それを考えて答が出たら、ウチの上司も思いつきでものを言うのをやめるはずだ」と、あなたが考えているからです。

あなたはバカですね。それは、窓口の小役人の言うことを真に受けて、会ってもらえるかどうか分からない――それで一向にラチの明く可能性のない「上」に会おうとするのと、同じことなのですよ。

窓口にいる小役人に文句を言って、「それは私ではなんとも言えません。上に言って下さい」と言われ、それを真に受けてそのまま「上」に文句を言いに行こうとするのは、実はこの「思いつきでものを言う上司の口をふさぐために、二十一世紀の世界経済のあるべき姿を考える」と同じなのです。

官僚は、「目の前の現実に対処しろ」という命令が上から来ない限り、「目の前の現実」に対処しません。それで対処はしても、「答を出す」までするかどうかは分かりません。どうしてかと言えば、官の組織では、命令も答も「上の方」にしかないからです。あちらがそのように出来上がっている以上、あなたもまたその建前に従って「上」を目指さなければなりません。「上」を目指して、「対処させます」という声や「適切な答」に出合うかどうかは分かりません。それはまさに、目の前の上司の「思いつき」を見て、「えーと、この原因はなんなんだ?」と、むなしい思考をめぐらせて行くのと同じなのです。

それをして、甲斐はあるでしょうか？　仮にあなたが「二十一世紀の世界経済のあるべき姿」を考えついたとしたって、それであなたの上司は、思いつきでものを言うのをやめるでしょうか？　やめないでしょうね。どうしてかと言えば、それは単なる「考え」で、あなたが自分の会社の社長でもない限り、あなたの会社が「二十一世紀の世界経済のあるべき姿に合致した会社」になることもなくて、従って、あなたの目の前で「思いつき」を口にしまくる上司は、相変わらずのまんまのはずだからです。

しかも、あなたは自分の目の前にいる「思いつきでものを言う上司」に、直接対処をしていません。その代わり、あれこれを勝手に考えているだけです。

ということになると、どうでしょう?

あなたは、「目の前にある現実に対処せず、〝答は上に聞いて下さい〟で逃げてしまった官僚と同じ」でさえあるのです。

三　もう少し人間的な声を出すことを考えてもいいんじゃないだろうか

「下から上へ」もある組織

私の言うことは、なんだかよく分かりません。なんだかよく分からないのは、私が「こんなにもメチャクチャだ」ということを語っているからです。「分かって意味のあること」ならともかく、私は「分かって意味のないこと」を説明しているのです。

あなたの目の前には、思いつきでものを言う上司がいます。そのあなたのいる組織が、「下から上へ」のない官の組織だったら、あなたは、「なんでこんなアホなオヤジがいるんだろう」と考えて、「二十一世紀の世界における、日本の国家と官のあり方」なんかを考えなければならないかもしれません。でも、あなたのいる組織が、「上から下へ」と「下から上へ」の二つの風が両方吹く、「会社」という民の組織だったら、話は別です。「二十一世紀の世界経済のあるべき姿」まで行く必要はありません。あなたのいるところは、「現場からの声」がちゃんと上がって来て、「目の前の現実に対処する」が当たり前に行われる組織なのです。もちろん、「思いつきでものを言うだけの上司」だって、「目の前にある現実」です。その「目の前にある現実」への対処を避けて、なんだかめんどくさいことを考えている――それは、典型的な官僚の「建前思考パターン」だというだけのことです。

あなたのいるところは、「下から上へ」もある組織なのです。だったら、もっと具体的な方法があるじゃないか、ということなのです。

最も具体的な方法

あなたの目の前には、「思いつきでものを言うだけの上司」がいます。これには、どう対処したらいいでしょう?

簡単です。あきれればいいのです。「ええーっ?!」と言えばいいのです。途中でイントネーションをぐちゃぐちゃにして、語尾をすっとんきょうに上げて下さい。世の中には「大きなあきれ声を出す」という習慣のない人もいます。「えーっ?!」とか「ええーっ?!」とか、「ええ〰〰〰っ?!」という、声を出す練習をしてみた方がいいと思います。ちゃんと練習をしないと、あなたのあきれ声が、「相手のアイデアの素晴らしさに感嘆した声」なんかと間違ってとらえられてしまう危険性があります。別に、冗談を言っているわけではありません。

人間的な声を出すことを考えたらどうでしょう

第一章の初めでも言いましたが、日本人は「よーく考えて」をします。「よく考える」は、「相手の立場《メリット》を考える」でもあって、「相手への忠誠」でもあります。これに対して「ちょっと考える」は、「自分の立場《メリット》を考える」です。自分は「ちょっと」で、相手は「よく」なんです。もしもあなたがこの習慣を身につけてしまっていたらどうなるでしょう? 相手がすっとんきょうなことを言っても、あなたはきっと、あきれないでしょう。なぜかと言えば、それをしたら「相手に対して失礼」になるからです。

「よく考える」と「ちょっと考える」を、「相手に対する尊敬」と「自分に対する謙譲」のように使い分けている——それを自然なこととして格別に意識することもないあなただったら、目下の人間の言うことにあきれはしても、目上の人間の言うことにあきれたりなんかしないでしょう。目下の人間の言うことにあきれるのは、おそらく「怒る」に近くなって、目上の人間の言うことにあきれるのは、「驚く」や「恐縮する」に近くなっているはずです。

あなたが上司の言うことに内心あきれていたとしても、あなたはそれを表現していないのです。「あきれた」であってしかるべきものが「驚いた」として表現され、それが「発想の素晴らしさに感嘆した」や、「上司の素晴らしい発想について行けない自分への卑下」と取られてしまったらどうでしょう？　あなたの上司は、「部下にあきれられる」という経験に遭遇したことがないことになります。つまり、部下に批判されることをまぬがれているのです。

あなたが内心でいくらあきれても、それは、上司に伝わっていません。上司には、「部下にテキトーな思いつきでものを言って、部下からあきれられた」という経験がないのです。「批判される——そのことによって〝してはならないことをした〟と学習する」という機会を奪われているのです。しつけのない犬と同じですから、もう、思いつきでものは言いっ放しでしょう。

それは、あなたが許したのです。許した責任を無視してはいけません。上司が思いつきでものを言うのがいやなら、ちゃんと上司にあきれましょう。「私はあきれました」を、明確に表現しましょう。それが一番現実的で、一番簡単な方法です。そういう「人間的な声」がないから、「下から上へ」がちゃんとある組織であるにもかかわらず、くだらなく官僚的になるのです。

あきれるために必要なこと

思いつきでものを言う上司にあきれるために必要なのは、「声の出し方」だけではありません。相手の言うことのどこが現実離れしていて、どこが理論的に矛盾しているかを、その場で判断できるだけの知性を持たなければなりません。

もしかしたらこの方が、「私はあきれた」を意味する声を出すことよりも、むずかしいかもしれません。相手の言うことをただ「へんだ」と思って、その場で異議を唱えるのなら簡単でしょう。子供でも出来ます。思いつきでものを言うあなたの上司にだって出来ます。それは、「自分の聞いたことがないこと、知らないこと」を聞かされて、「知らないからへんだ、聞いたことがないからへんだ」と言うのと同じだからです。

もしかして、上司の思いつきに対して「あきれた」を意味する声を出せないあなたは、上司の言うことの中にある「論理矛盾」や「現実離れ」を発見するだけの能力がないのかもしれません。

しかし、そんなことはなかろうというのは、この本が、そのような前提では書かれていないということです。

この本で、上司が思いつきでものを言って糾弾されるのは、必ず、部下であるあなたが建設的な提言をした時です。その時だけです。あなたがボサーッとしていて、そこに上司の「思いつき」かもしれないような命令の声が矢継ぎ早に飛んで来たって、それはそれでしかたのないことです。文句を言う筋合はありません。

それをするあなたの上司は、「下手な鉄砲も数打ちゃ当たる」を信条としているだけの熱血漢かもしれません。その当たり方があまりにも少なかったら、ほんのちょっとそれを言えばすむことです。「ウチの上司は思いつきでものを言うだけだ」と愚痴を言っても、怠け者のあなたの愚痴に説得力はありません。私がこの本で問題にしているのは、「部下の建設的な提言に対して、思いつきでしかものを言えない上司」なのです。読者であるあなたは、それに困っているのです。だとしたらあなたは、上司の勝手な思いつきに対して、すぐあきれられるはずなのです。

しかしどういうわけか、あなたにはそれが出来ません。それはなぜか、です。

第二章に登場した「故郷を離れた上司」のことを思い出して下さい。この上司のところへ、あるプランを持った「故郷の青年団の若者」が、意見を聞きたいとやって来ます。この若者は、自分達の作ったプランに、「自信があって、しかも自信がない」のです。だから、「故郷を離れた上司」のところへ、意見を聞きに来るのです。上司に建設的な提案、提言をして、それに勝手な思いつきを喰わされたあなたがあきれられないのも、これと同じです。

自信に満ちてその提言をしたとしても、上司の勝手な思いつきに出合ってしまったあなたは、「自信があっても自信がない」状態に陥るのです。「なにが起こったんだ？」と、相手のシュールな発言に吸い込まれて、自分の明確なる知性を忘れてしまうのです。

人間には、一〇〇％の自信なんてありません。それがあったら異常です。自信は、「九九・九九九……％」までで、それを一〇〇％に届かせる残りは、相手の「ＯＫ」の声が持って来るのです。だから、「自信があっても自信がない」は、当たり前のことなのです。

残りの一％、あるいは〇・一％、〇・〇一％を期待するあなたは、時としてうっかり、その小さなパーセンテージを、自分の持っている確信の数字と引き換えてしまうのです。だから、九九％以上あった自信が、ゼロの方へ急落して行くのです。

それをそのままにするのは、愚かです。謙虚なんかではありません。「ここであきれなかったら、自分のせっかくの達成がゼロになる」と思うべきです。自分の自信を拠りどころにして、相手の声に耳を澄ますべきです。そうすればすぐに、相手の「思いつきぶり」は分かるはずです。「ここであきれるなんてことをしたら、どういうことになるのだろう？」と、危惧をする必要はありません。あなたは、そこで上司に論争をふっかけるのではなく、ただあきれるのですから。

それを「戦い」という不毛にしない方法

「あきれて、その結果〝論争〟になったらどうしよう？」という危惧は、「敬語の国」である日本ではありがちのことです。特に、その相手が「目上」に該当するような人間だった場合は。しかし、あなたのすることは、「論争に持ち込む」ではありません。「ただあきれる」です。論争にしてはいけません。

戦って「怒鳴る」なんてことをやると、フラストレーション――すなわち、欲求不満の解消にはなります。なりますが、それだけです。怒鳴ってすべてがはじけ飛んで、その初めにあった「この問題を解決しよう」という意志も吹っ飛びます。怒鳴って、その興奮が冷めた後で思うのは、「あの昂揚感《こうよう》はなんだったんだろう？」という疑問だけですから、無意味と言えば無意味です。「建設的な対処」を考えましょう。

あなたの言うことには「論拠」があります。それに対して上司が思いつきを言ったのなら、相手の発言には論拠がありません。「論拠のあるもの」と「論拠のないもの」との間で、論争は成り立ちません。そこで論争が起こってしまったのなら、それはあなたが相手の論拠のなさに「論拠」を認めてしまった結果なのです。そんな譲歩は、する必要がありません。「論争」という不毛に至ったら、それはあなたの間違いです。

まず、あきれましょう。相手は必ず言い返して来ます。でも、あなたはなにを言われても、ただ聞き流します。聞き流していいのです。だって、あなたをあきれさせた相手は、あなたになんの補償もしてくれないのです。つまり、「オレはつまらない思いつきを言ってしまった」と、相手に認めさせるです。相手がそれを認めるまで、相手の言うことに耳を傾ける必要はありません。傾けると相手は、初めの「思いつき」という歪んだ土台の上に、さらに別の「思いつき」をのっけます。「不毛」とは、それを相手に許した結果です。「戦い」などという愚かなことをする必要はありません。

　相手がうろたえようが、ムカッ腹を立てようが、あなたは終始一貫聞き流して、そして、相手が自分の思いつき発言を認めて反省してくれそうな様子がなかったら、ただ「そうですか」と言って引き下がるだけです。

　それをしておそらくは、なんのいいこともないでしょう。しかし問題は、建設的な提言をしたあなたにではなく、それを単なる思いつきで拒絶した相手にあるのです。相手がその非を認めなければ、問題は解決しません。相手の態度待ちなのだから、それはそれでしかたがないのです。

「正当にあきれられて、それで己れの愚に気づかない人間はいない」と思うしかありません。「人間的」を方法の中心に据えると、どうしても、事態の展開はテンポダウンしてしまうのですが、それはそれでしかたがないのです。

第四章　「上司でなにが悪い」とお思いのあなたへ

一　「上司はえらくて部下はえらくない」というイデオロギー

「上司は悪くて部下は正しい」というイデオロギー

「どうもこの本には少し偏ったところがある」――そうお思いの方はいると思います。どうしてかと言うと、この本は終始一貫して、「正しく賢い部下と愚かなその上司」を前提にしてしまっているからです。部下を持ち、「上司」になってしまった人に、これはおもしろくないことです。だから、「この本は〝上司は悪くて部下は正しい〟というイデオロギーで貫かれている」と考える人だっているでしょう。しかし、残念ながらそれは間違いです。なぜかは、その逆を考えれば分かります。

果たして、「正しい上司と愚かな部下」という組み合わせはあるでしょうか？

「そりゃあるさ、大いにあるさ」と言いたい方はいくらでもいるでしょう。しかし、これは間違いです。どうしてかと言うと、部下を愚かなままにしておく上司は、「いい上司」でも「正しい上司」でも「賢く正しい上司」でもないからです。部下の愚かを野放しにしておくのは、「愚かな上司」です。「愚かな上司と正しい部下」の組み合わせはあり、「愚かな上司と愚かな部下」の組み合わせもあって、「正しい上司と愚かな部下」というペアはないのです。

それであっても、「上司」であるようなあなたは、自分の「上司としての正しさ」を信じたいと思うでしょうし、「絶対に部下のあいつはバカだ」という確信も撤回したくはないでしょう。だとしたら、「なぜオレの部下（あるいは、オレの部下の中のあいつとあいつ）はバカなのか？」とお考えになるべきです。そして、「正しい上司と愚かな部下」の組み合わせが存在しないものである以上、この答は明らかです。それはあなたに「上司としての徳」が足りないからです。

儒教はお好き？

「上司としての徳」などという言葉が飛び出したことで仰天した方もあるでしょう。私の持ち出したものは、儒教の考え方です。

日本人が官僚的になり、建前でものを考えてしまうのは、日本人の中に深く根を下ろした儒教のせいです。儒教は秩序を重んじます。だから、「上司は部下よりえらい」が、動かしがたい常識になるのです。「上司は愚かで部下は正しい」が気に入らないのは、その人の中に儒教道徳が入り込んでいるからですが、儒教が秩序を重んじるのは、その秩序の上に「徳」を置くからです。

「天子には徳があらねばならない。なぜならば、その徳によって天下は治められるから」——

これが、儒教の根本にある政治思想・徳治《とくち》主義です。だから、儒教の本場中国では、天子がコロコロ代わります。「徳」がなくなったら、天子は天子じゃなくなるからです。だから、日本では、天子が勉強をします。「徳」がなければ天子じゃないからです。

そういう「徳」のある者を上にいただくから、下の者は感化されて、よくなるのです。つまり、あなたの部下が愚かだったら、上司であるあなたには、「上司としての徳」がないのです。そのように、「秩序を重んじる」と言われる儒教は、その秩序に対して、「批判」を用意しているのです。「上司は上司だからえらい」とうっかりどこかで思いこんでいる方は、それを肯定するために、どこかから「上司の徳」を仕込んで来なければなりません。「上司の徳」というものが分からなくて、「儒教はもう古い」という逃げ方をするのは卑怯《ひきょう》です。上司が上司であるならば、部下を愚かのままに放置しておく上司は、決して「いい上司」ではありません。「上司の徳」があるなら、「教師の徳」も「父親の徳」も「母親の徳」も「夫の徳」も「妻の徳」もあります。「徳」は、結構使える考え方です。

「目上」に該当するような人間には、それと引き替えで「徳」が要求されます。「目下」に該当されてしまう者に「徳」は要求されません。代わりに「孝」とか「忠」が要求されます。「ウチの部下はバカだ」と言いたい上司のあなたは、もしかしたら、「子供に孝行ばかりを要求したがる徳のない親」と同じようなものかもしれません。

儒教を仕入れて、それがために「秩序優先の官僚的建前思考」を根づかせてしまった日本です。ここを「人間的」にするには、儒教の合理的ラジカリズムを導入する必要もあるかもしれません。

この唐突な展開はなんだろう?

この本の著者、つまり私には一つの欠点があります——どうも、あるらしいです。それがなにかと言うと、突然とんでもないことを引っ張り出して来て、とんでもなく簡単に要約してしまうことです。自分ではそうだとも思いませんが、人に言わせれば「とんでもない飛躍」らしいです。どこがそうかと言うと、この前の「儒教はお好き?」の部分です。

私は、「我ながらうまくまとまったもんだ」と思いますが、人がどう思うかは分かりません。突然「儒教」が登場して、なにかは知らぬまま、なにかがあっさりとかたづいてしまいます。読者は唐突にも「徳」というカテゴリーを突きつけられて、「結局は、オレに徳が足りないいってことか?」と、狐につままれたような気分になります。

なんでそうなるのかというと、私が突然持ち出した「儒教」が、今となっては「忘れられた常識」になってしまっているからです。私は、儒教というものを「日本人の中に深く根を下ろした重要なファクター」だと思いますが、多くの日本人にとって、それは「あまりにも深く根を下ろしすぎて今や忘れられてしまったファクター」です。だから、「重要だ」と言われても、ピンとこないのです。儒教が出て来たことを、「唐突なる飛躍」とも思ってしまうのです。

それで私は、日本人の中に根を下ろして忘れられてしまった「儒教」というものについて、もう少し詳しく語らなければなりません。話の方向はそちらに進みますが、その前に、「まえおき代わり」で、あることをかたづけます。「突然とんでもないことを引っ張り出して簡単に要約してしまう」という、飛躍の多い私の欠点は、なにかに似ているからです。

私は「せっかちな独り合点」でもあるのですが、これは、「飛躍の多い企画書を提出して上司との間をこじれさせてしまうせっかちな部下」と同じなのです。そういう「部下」はとても多いので、まえおき代わりに、そちらの方をまずかたづけましょう。

「上司の頭のレベル」は、言いわけに使えない

一人の「部下」がいます。この部下がせっかちかどうかは分かりませんが、この部下は、一つの企画書を上司に提出しました。

当人は「十分に納得出来る内容だ」と思っていましたが、これを読んだ上司は、首をひねりました。そして、「なんだかよく分からん」と言って突っ返して来ました。これは、この本の原稿を読んだ編集者が「なんだかよく分かんないんだよねェ」と言って、著者である私に原稿

を突き返して来るのと同じです。別にこの原稿が突っ返されたわけではありませんが、そういう可能性だってちゃんとあります。

原稿を突っ返されても、私は「今時の若い部下」ではないのでそんな風には思いませんが、「よく分からん」と言われて企画書を突っ返された部下は、きっとこう思うでしょう――「上《オヤ》司《ジ》は頭が古いんだ。上司は頭が悪いんだ」と。

そう思うのが一番簡単なことなので、そう思う人は多いでしょう。しかし、あなたの企画書が突っ返された理由は、「上司の頭が古くて、上司の頭が悪いから」かどうかは分かりません。部下であるあなたがバカかもしれない可能性は、十分にあるのです。

あなたに文章力がなくて、理論的な構築能力がなかったら、たとえあなたの企画書に「独創的な思いつきの一行」があったとしても、「よく分からん」と言われて突っ返されるでしょう。それは、出来の悪い学生の出来の悪いレポートが、「こんなもんだめだ」と言われて教官から突き返されるのと同じです。上司を恨むのは、筋違いというものです。

この本は、構造上、「部下とは正しく賢明であるものである」という前提に立っています。ですから、「よく分からん」と言われて突っ返されたあなたの企画書も、もう少しまともなものであるはずです。

「まともなのに突っ返された」――戻された企画書を読み直して、あなたはそう思いました。

それだけの知性があなたにあるとします。だとしたら、その企画書が突っ返された原因は、上司の頭が古くて悪いからでしょうか？

そうかもしれません。その可能性はあるのかもしれませんが、それを考えてもしかたがありません。「よく分からん」と言われて突っ返されたのなら、その責任は、あなたにあるのです。どうしてかというと、あなたの書いた企画書には、読み手である上司に「分かった」とか「なるほど」と言わせるだけの説得力――あえて言ってしまえば、「親切心」がないからです。

第一章でも言いましたが、企画書の正解――つまり「企画書に書かれるべき内容」を知っているのは、それを提出するあなたなのです。上司ではありません。提出する部下が知っていて、提出される上司は知らない――その点で企画書は、学生が提出して教官が点数をつけるレポートの類とは違うのです。

企画書というのは、「ある程度なら知っていて分かるかもしれないけれど、実はなにも知らない可能性さえある上司に、分からせるもの」なのです。だから、「上司の頭が悪い」とか「古い」というのは、言いわけになりません。あなたは、上司に分かるように書かなければならないのです。

自分で「これは納得出来る内容だ」と思っても、「これは、読み手である上司に理解出来るかどうか？」の点検がなければなりません。「読み手に分かるような文章を書く」というのは、民主主義下の文章の原則ですが、これを忘れているのだとしたら、「部下であるあなたがバカである可能性」は、十分にあります。

あなたは「企画書」という文章の書き手で、「書き手は、常に読み手に分かるような文章を書かなければならない」という鉄則がある以上、読み手である上司の「頭のレベル」は、言いわけにならないのです。

書き手の原則

私の言うことは、微妙に「奇々怪々」の様相を深めてはいるのですが、それも「儒教」という摩訶不思議《まかふしぎ》を相手にするためのこととお思い下さい。

奇々怪々の第一は、「書き手は、常に読み手に分かるような文章を書かなければならない――これが民主主義の鉄則である」というところです。「民主主義の鉄則」とか「民主主義下の原則」などということは、とりあえずはずしましょう。話が複雑になりすぎます。今重要なのは、「書き手は常に読み手に分かるような文章を書かなければばらない」というところです。

それがどういうことかは、別の言い方をすれば分かります。つまり、「書き手は、常に〝読み手は書き手よりも頭が悪い〟と思わなければならない」です。誤解しないで下さい。これは、「書き手は読み手に対して優越的で、えらそーであらねばならない」ではありません。また、

「書き手は読み手をバカにしてもいい」ということでもありません。

重要なのは、「読み手に分かるように書く」です。あなたの書く企画書の内容は、「あなたにしか分からない企画」を書くものですから、想定される読み手は、上司であろうと下っ端の新米であろうと、この内容を知りません。知らない相手に分からせるために書くのですから、「分からせる」という親切心を持たなければなりません。それはつまり、「読み手の他人は、書き手の自分よりも〝頭が悪い〟くらいに思わなければならない」ということです。

もちろん、この親切心が過剰になれば、「うざったい」と言われるようなものにもなりますが、「読み手の他人は書き手の自分よりも頭が悪いかもしれない」と思うのは、文章を書く上での鉄則です。つまり、あなたの書く企画書は、上は社長から、下は入社したての新米社員にまで、社内の誰に対してでも「読めば分かる」という内実を持っていなければならないということです。

原則はこれだけですが、話はここからややこしくなります。というのは、あなたの書くその企画書には、「上司をバカにせず、しかも〝上司はバカかもしれない〟という可能性を考慮する」という、とんでもない条件が必要になるからです。それは、仏教で言うところの「慈悲の心」です。

あなたの上司は、あなたの建設的な提言に対して、必ず思いつきでものを言うような上司です。『上司は思いつきでものを言う』などと題する本が出回ってしまうと、それに対して備えて構え、「うっかりものを言うと〝思いつきでものを言っている〟と思われるから、なにも言わないようにしよう」などと、その場しのぎの対処をしかねない生き物です。だから、バカにするのは簡単です。しかし、必要なのは、「バカにせず、バカかもしれない可能性も考慮して」なのです。それは、「将来のある子供に対して、愛情をもって接する」と同じようなことです。「すぐにバカにしたくなるような相手」に、そんなことが出来るでしょうか？　それをするのが「慈悲」です。

また、あなたの上司が「優秀で、思いやりに満ちて、思慮深く有能な人」だった場合には、これとは逆の困難が訪れます。

その上司は「優秀」なのです。そんな上司を「バカかもしれない」と仮想するのは、とても困難です。「自分より遥かにレベルが高い」と思えるような相手なら、「バカにする」は起こりません。しかし、それはまた同時に、「バカかもしれない可能性を想定する」も出来にくいことです。そんな「優秀な上司」に提出されるあなたの企画書は、だから、「上司の優秀さによっかかった甘ったれたもの」になる可能性があります。しかも、大いにあります。

あなたの書いた企画書が、「よく分からん」で突っ返されてしまうのには、そういう理由だってあるのです。「バカにせず、バカかもしれない可能性も考える」は、そのようにむずかしいのです。

民主主義はややこしい

「バカにせず、バカかもしれない可能性を考える」はかなりむずかしいことですが、これは、もっとむずかしくなります。というのは、この一方に、「バカにせず、バカではない可能性を考える」もあるからです。

「なんのことだ?」と思われるかもしれませんが、「バカにせず、バカかもしれない可能性を考える」は、「人を思いやる」です。いいことです。別に悪いことではありません。しかし、これだけでは困ったことになります。なぜかというのは、「バカにせず」の内実を考えればいいのです。

「バカにせず」は、「バカにする」という前提あってのことです。放っておけば人をバカにする可能性はある——だから、「バカにせず」です。この文脈で「思いやり」を考えると、かなりいやらしいことになります。それは、「放っとけば人をバカにする可能性が大いにある人間が、自分を戒めて、〝他人はバカかもしれないのだから、思いやってやらなければならない〟と考える」なのです。なにをえらそーにで、「小さな親切、大きなお世話」です。だから、そうならないために、この反対を考える必要も生まれます。つまり、「バカにせず、バカではない可能性を考える」です。

これがなんなのかというと、「尊敬」です。勝手に「他人を思いやる」ばかりをしていると、他人の中にある「自分よりすぐれた部分」が見えなくなる危険性があります。だから、「バカにせず、バカではない可能性を考える」の「尊敬」も必要になるのです。

もちろん、私は自分がややこしいことを言っていると承知しています。「尊敬」はただ「尊敬」でよくて、そこに「他人をバカにせず」などと言う必要もありません。そして、思いやりなら、「他人をバカにせず」だけですんで、「他人がバカかもしれない可能性を考える」は余分です。簡単になる話をわざとややこしくしているから私の話は分かりにくいのですが、しかし、私は「民主主義の世の中」という限定付きの話をしているのです。

民主主義は、「すべての人は平等である」を前提とします。そこから、「だから人をバカにしてはいけない」は簡単に出ます。ところが、民主主義ではなかった場合、「すべての人は平等である」は前提になりません。「人は生まれついた身分によって異なる」が前提になります。つまり、「身分の低い他人はバカにしてもよい」なのです。

身分の高い人は「えらい」。身分の高くない人はえらくないから、「バカにしてもよい」です。いたって分かりやすい世界です。ここでは、「上司はえらい、上司をバカにしてはならない」だけですみます。「上司がバカかもしれない可能性はあるから、それを考えて、上司が分かるように企画書を書く」などというめんどくさいことをする必要がありません。

上司は、「上司」であるがゆえにえらいのです——そのように固定されています。だから、上司は思いつきでものを言い放題です。責任を部下に押しつけて、責任逃れのし放題です。それが、「民主主義ではない世の中」です。

それでは困ります。「思いつきでしかものを言わない上司をなんとかしよう」というところでこの本はあるのですから、前提としての「民主主義」を明確にしなければなりません。だから、「すべての人は平等である＝人をバカにしてはいけない」が、話の前提になるのです。それで、私の話はややこしくなるのですが、ややこしいのは私の方ではなくて、「民主主義」の方なのです。

民主主義をややこしくするもの

一体、私は今なんの話をしているのでしょう？　私は、「書き手は、常に読み手に分かるような文章を書かなければならない——これが民主主義の鉄則である」という、一旦保留にされたところへ戻っているのです。ついでですから、「部下であるあなたが、自分の企画書を〝よく分からん〟と言われて突っ返される」というところまで戻しましょう。

突っ返された理由は、あなたがその企画書を「上司に分かるように書かなかったから」です。

なぜ、あなたにはそれが出来なかったのでしょう？　理由は二つあります。一つは、あなたがその上司をバカにして、嫌ったからです。もう一つは、あなたが上司に甘えて、よっかかったからです。この二つの理由は正反対のようですが、実は同じ一つのものです。どちらの場合でも、あなたは「上司」というものを、「特別の存在」と考えているのですから。

「上司を優秀だと思って甘えてよっかかる」――あるいは、「上司を〝上司〟だと思って甘えてよっかかる」は、ありがちの当たり前です。そして、「上司をバカにして嫌う」や「嫌ってバカにする」は、これと同じことで、同じことの裏返しなのです。

あなたは、「上司」というものを特別な存在だと思っています。「自分の上にいて、給料も多くもらっているんだから、こっちの言うことを理解出来てもいいだろう」――などと。そう思って、あてがはずれると、「バカじゃねェの」で、「頭が古い」です。だから、「どうせあいつには分からないだろう」とか、「上司なんだからこれくらいのことは分かれ」と思いながら、その上司が「よう分からん」と言うような企画書を書くのです。

あなたは、そのように上司を「特別の存在」と思っているのです。

「上司はえらくて部下はえらくない」という考え方は、もっぱら上司側のするものだと思われていますが、そんなことはありません。部下の側だって、「上司はえらくて、部下の自分はえらくない」と考えています。それで、上司を拒絶したり、よっかかったりしているのです。だから、「上司に分かるように書く——上司だってバカかもしれないのだから」という、いたって簡単なことが呑み込めないのです。

「上司は上司であるがゆえにえらい」などという考え方を、今時、普通の会社ではしません。「そういう考え方をしろ」と、社会の方だって言いません。「上司は上司であるがゆえにえらい」というのは、今では忘れられてしまった儒教式の考え方です。「忘れられてしまった、もう関係ない」ということになっていて、でもその考え方は、今もしっかりと残っているのです。だから、「上司をバカにせず、しかも〝上司はバカかもしれない〟という可能性を考慮に入れる」という当たり前のことが、「とんでもないこと」のように思われるのです。

儒教というのは、まだそのように残っているのです。儒教の話をしましょう。

二　儒教——忘れられた常識

忘れられたその軌跡

儒教が日本に伝わったのは、四世紀とか五世紀という、曖昧な大昔です。ちょっと前までは、もう少し明確な時期が決まっていたように思いますが、今じゃ分かりません。仏教の伝来――百済《くだら》の聖明王《せいめい》が日本に仏像や経典を伝えたとされるのが五三八年だとか言って、「仏教伝来の年」は、日本史を勉強する子供達には「暗記すべき年」になっています。私の脳には無意味に年号を覚える機能がないので、「細かいことはどうでもいい」だけです。仏教が伝来すると、「聖徳太子は法隆寺を建てた」という具体的な展開を見ますが、儒教の方はどうもそうなりません。儒教はいつの間にか日本にやって来て、建物を作るよりも、制度として人の中へ入り込むのですが、今では儒教そのものが忘れられているので、すべてはどうでもよくなってしまうのです。

さてしかし、六〇四年に聖徳太子は「十七条の憲法」を制定します。この根本にあるのが儒教です。十七条の憲法が重視されるのは、これが「日本の憲法のルーツ」とされるからですが、聖徳太子のそれ以来、日本に憲法がずっと存在し続けていたのかと言えば、そんなことはありません。十七条の憲法の後に登場する憲法は、ずっと後の明治になってからの大日本帝国憲法です。大日本帝国憲法でも、その後になっての日本国憲法でも、「憲法を持つことは近代化の証しの一つである」と解釈されますから、そのずっと以前の七世紀初頭の日本に「憲法」があったということは、とても重要なことのように思われます。それで十七条の憲法の評価は高いのですが、しかしこれは、過去の日本に突如出現した「一時の記念碑」のようなものでもあります（「十七条の憲法」は、今じゃ「憲法十七条」と言うんだそうですが）。「和をもって貴しとなす」とか、「詔《みことのり》を承《うけたまわ》れば謹《つつ》しめ」とか、十七条の憲法に書かれたことは、その後の日本人のメンタリティに大きな影響を与えますが、「憲法という制度」がこの時に生まれたわけではありません。十七条の憲法は、「儒教を日本人のメンタリティに導入した」という点で重要なのです。重要なのに忘れられているのは、その後に「憲法という制度」が絶えてしまうからですが、「制度として長く残った」という点では、同じ聖徳太子によって十七条の憲法の前年に制定された、やはり儒教ベースの「冠位《かんい》十二階」の方が、ずっと重要でしょう。

冠位十二階は、儒教の五つの徳目（徳の五大要素）を「仁、礼、信、義、智」の順に並べ、その上に「徳」を置いた六段階を設定して、このそれぞれを「大、小」に二分します。そうして出来上がった十二のランクを、朝廷に仕える官僚達の序列としたのです。明確なる官僚秩序の初めで、これはつまり「俸給の差」にも反映するわけですから、「日本の賃金体系の初め」と言ってもいいようなものです。つまりは、「上司のピラミッド」の初めです。

儒教が最上位に置くものは「徳」ですから、冠位十二階の一番上は「大徳」です。「上に立つものは徳があらねばならない」で、だからこそ、「上に立っているんだから徳があるに決まっている」にもなります。

冠位十二階はやがて形を変え、「大徳、小徳、大仁、小仁……」という儒教由来の名称を捨てます。代わってその後、明治まで長く続くのが、「正一位、従一位、正二位、従二位……」という官位です。序列の基本となる哲学的意味が消えて、家柄とか年功というものが、この序列の中心になります。

「長幼の序」を説く儒教は、「年功序列」を肯定します。儒教が本来的に身分制度を肯定するものであるかどうかは解釈次第ですが、身分制度の中に儒教を導入した場合、身分制度が確固として動かなくなることだけは確かです。なにしろ儒教は、「上に立つ者は徳があらねばならない→上に立った者は徳がある」をたやすく肯定してしまうからです。

「朝廷に仕える官僚には、朝廷からいただけるありがたい身分（官位）がある」は、冠位十二階からスタートして、「ありがたい身分」を「家柄」として固定させ、その後に、家柄の代わりに「学歴」を入れれば、「学歴重視の年功序列」の原型はもう完成です。

官僚の制度はそうして出来て、それが近代になって、民間の「会社」というところに適用されます。そのような形で、儒教は日本の中枢に根を下ろすのです。

官僚制は、冠位十二階で明確になる

冠位十二階の制定以前に、聖徳太子と蘇我馬子《そがのうまこ》の連合軍は、物部守屋《もののべのもりや》を倒しています。これを、「崇仏派の蘇我氏と排仏派の物部氏の戦い」と見れば、立派な宗教戦争ですが、この戦いには、「大臣《おおおみ》蘇我氏と大連《おおむらじ》物部氏の決戦」という一面もあります。「大臣は、天皇に近い豪族、大連は天皇から少し距離を置く豪族で、大臣は天皇に后を贈って姻戚関係を結び、大連は天皇に拮抗しうる力を持つ」と考えると分かりやすいなと私は思うのですが、重要なのは、「蘇我対物部の戦い以前は、天皇の周りに二つの有力な勢力があったが、戦いの後には一つになってしまった」というところです。

天皇の周辺から「大連」は消えて、「大臣」だけになります。「大臣」を音読みすれば、官僚のトップに立つ「大臣《だいじん》」です。つまり、「日本の有力な豪族は、天皇に后を贈り、天皇に仕える官僚のトップになる」という一元的な官僚制が、蘇我氏と物部氏の戦いの後に実現してしまうのです。

「日本の権力者は、天皇に仕える官僚達の頂点に立ち、決して天皇を倒そうとはしない」という、日本特有の権力構造はここからスタートするのですが、冠位十二階は、蘇我馬子を頂点とする官僚の序列を明確にする制度でもあります。官僚の序列はここに始まって、それは、律令政府（朝廷）が明治維新政府になり変わるまで続きます。ということは、七世紀初めから十九世紀の後半まで、時代がいくつ変わっても、そこにいた貴族や武士達が「朝廷に帰属して、朝廷から身分（官位）の発給を受ける官僚」であることが変わらずに続いていたということです。

そのように、日本の上級武士や貴族は、みんな「官僚」なのです。「それは形式的なことだ」と言いたがる人もいますが、「そんな形式的なことをなぜ残す？」と言えば、つまりは、上の方の人はみんな、「伝統的な官僚」でありたかったからです。「日本では、形式的なことが重要である」――このことが重要なのは、日本が変わらない官僚文化の国だからです。

株式会社は日本に似合わないかもしれない

貴族には、「官僚貴族」と「領主貴族」の二種類があります。しかし、こう言ってもピンとこないのは、日本に「領主貴族」というものがいないからです。

ヨーロッパの貴族は、基本的に領主貴族です。「自分の領地」というものを持って独立し、それなりの地位を有しています。だから、「領地の相続」というものが大問題になって、領地争いが頻発します。ドイツの貴族がイタリアにある土地の相続権を主張して、イタリアの国内にドイツ系の王国や侯国が出来てしまうという事態は、当たり前にありました。でも、日本の支配者達は、そういう争いをしません。それをするのは、戦国時代という特殊な時期だけです。日本の支配者は「家督権の相続」でしか争わないのです。日本の支配者は、「財産」や「権利」を持っていても、ヨーロッパの貴族のような「領地」を持っていなくて、だから日本の「争い」はダイナミックではないのです。

ヨーロッパの貴族達は、「自分の領地」を持って、「国」という境さえ越えて存在しています。王様からさえも独立しているのです。だから、王様にまつわる混乱が起こった時、この貴族達が集まって「新しい王様を選び出す」ということもします。それが出来るのは、彼等が王様の宮廷に所属する「官僚」ではないからです。それがどういうことかは、別の形でもっとはっきりします。

ヨーロッパの領主貴族は「株主」で、ヨーロッパの王様は「株主に承認された会社の経営者」なのです。「株主」は、「社員」ではありません――このあり方をもっぱらにするのが領主貴族で、官僚貴族とは、「自社の株をやたらと持っている社員」なのです。

「自社の株をやたらと持っている社員」は、株主総会の制約を受けません。「経営者」でもないので、「経営責任」も問われません――これが日本です。

ヨーロッパで始まった「株式会社」というシステムは、「領主貴族と王様の関係」を踏襲しています。この関係は、さかのぼれば「ゲルマンの族長会議」という古いところまで行ってしまいます。しかるに、その「株式会社」の制度を導入した日本は違います。「そんな歴史も伝統もほとんど持たない」と言ってもいいでしょう。蘇我馬子からこの方、日本の支配者達は、ずっと「官僚貴族」なのです。つまり、オーナー社長に対する、「自社株を買い集める重役」

でしかないのです。

日本のビジネスマンが「戦国大名」を好きなわけ

「日本には領主貴族がいない」と言われると、不思議に思われる方もいるかもしれません。たとえば、江戸時代の大名は、領主貴族ではありません。江戸城にいる徳川家の将軍に仕える家来で、将軍から「国の支配」を命ぜられ、許されている「支店長」なのです。だから、「転封《てんぽう》（国替え）」という、支配地を替える「転勤」もあるのです。

徳川の将軍もまた、「征夷大将軍」という職名によって天皇の朝廷に仕える官僚です。天皇という「オーナー社長」から、日本という国の経営権を仮に預けられているのです――そのような形を取るのです。だから、「その権利をお返しします」ということも起こります。江戸から明治への「大政奉還」とは、そのことです。経営権というか代表権をなくした徳川将軍家は、明治になって「徳川公爵」という「代表権を持たない窓際重役」になるのです。

日本での平和は、「官僚貴族の支配」です。日本で「領主貴族」のようなものがいる時は、乱世です。戦国大名は「領主貴族」に近くて、それで日本のビジネスマンは、戦国大名が好きなのです。

彼等は領地を争います。戦いに制限はありません。勝てば勝ちです。当たり前ですが、この

「当たり前」が、日本にはあんまりありません。

戦国大名が天下を取ったらどうなるでしょう？　「朝廷に仕える官僚のトップ」です。織田信長と豊臣秀吉と徳川家康の三人で、誰が一番人気があるかは、はっきりしています。信長は、「天下統一を目指した自由人」です。秀吉は、「天下統一を達成した成り上がり」です。家康は、「達成した天下統一を維持する管理者」です。信長は、「天下統一を達成する一歩手前」で死んだから人気があるのです。武田信玄も、上杉謙信も、「天下統一」というところへ行けず、「自分の領国の経営と発展」に力をそそぐところで終わったから、「名将」なのです。その先に行ったら、「官僚のトップ」です。「自由」がなくなります。そこに「戦う自由」があると思うからこそ、日本のビジネスマン達は、戦国時代と戦国大名が好きなのです。

そういう「伝統」がないのだから、先には「混迷」しかない

近代以前の日本の支配者の基本形は、「社長になりたがらず、重役のトップとして会社の実権を握りたい」です。それが、日本の伝統的な権力者像、支配者像ですから、そういうところにヨーロッパ由来の「株式会社」というシステムを持ち込んだとしても、かなりへんてこりんなことにしかならないだろうということは、容易に想像出来ます。

日本の会社が、「なんだかよく分からない日本的な会社」になったとしても、働くことに長《た》

けた日本人は、日本を「世界一の経済大国」にしました。つまり、「景気のいい時の会社にはなにも問題がない」です。ちなみに、日本語で言う「株式会社」の「株」とは、「営業権」というような意味です。江戸時代の同業組合である「株仲間」の「株」で、引退した相撲取りが手に入れる「年寄株」の「株」です。こういう言葉が、どうして「a limited company」や「an incorporated company」の訳語になったかはよく分かりませんが、どこかに「権利を持ち合った人間同士で仲よくなにかをするもの」というような匂いが、日本語の「株式会社」にはしてしまいます。たとえばの話、「日本特有の株の持ち合い」とか。

おそらく、そんなことを考えたのは、私一人ではないのです。だから、「会社」の形が明確になって、業績も順調になった高度成長の頃になると、アメリカを中心とした欧米先進国由来の「ビジネス書」というものがブームになって来ます。バブルになって、バブルがはじけた後になっても、「経営の本場のアメリカに倣《なら》う」という姿勢は崩れません。

しかし、アメリカやヨーロッパには「そう考える伝統」があるのです。「そう考える伝統」があるからこそ、その上に「こう考えよう」という方向性も出ます。でも日本には、「そう考える伝統」がないのです。あちらは、「領主貴族の国」で、こちらは「官僚貴族の国」なのです。だから、伝来のビジネス書やビジネス理論を日本に持って来ても、「木に竹を接ぐ」ということにしかならないのです。でも、日本のビジネスマンというかサラリーマンというか、その周辺は、凝りずに「ビジネス理論」を外国に求めます。

どうしてでしょう？　それは、日本の中心にあるのが、うっとうしくてややこしくて煩雑《はんざつ》な、官僚文化と官僚制度の伝統だからです。この制度文化を理解するためには、「官僚と同じ質の頭」を持たなければなりません。ちっともおもしろくありません。

人間が行きづまって壁にぶつかった時には、二つのことをします。自分を行きづまらせた状況を探るのと同時に、「行きづまってしまった自分に問題はないか？」と、自分の「これまで」を振り返ります。そうしなければ、打開策は見出せません。ところが、打開策を見出そうとする日本の「それまで」には、「官僚」しかいないのです。

その日本に例外的な時代は、三つだけです。一つは、まだ官僚制度が整わないと思われる古代です。古代のロマンの次は、官僚制が混乱してしまっている戦国時代。残る一つは、徳川幕府という官僚制が崩れる、幕末維新の時代です。そこでは、官僚の力が弱いので、思考が自由にはばたきます。だから、日本の男の歴史に対する興味は、この三つの時代に集中してしまうのです。集中して、しかしその関心が「現実からの逃避」のようにもなってしまうのは、そこにメスを入れられてしかるべき「官僚」がいないからです。

その、煩雑でややこしくておもしろみのない「官僚貴族の日本」を避けていてもしかたがありません。というわけで、もう一度「儒教」です。

儒教を学んで「中流」になった平安貴族

官僚の文化や制度が退屈なのは、躍動感がなくて変わりばえがしないからです。変わりばえがしないくせに、官僚はその「小さな違い」のいちいちを問題にします。だから、その官僚式思考につきあっていると思考が麻痺《まひ》してしまうのですが、これを逆手に取るということも可能です。つまり、「そう変わりばえがしないのなら、たいして変わってはいない」です。そう考えると、日本の歴史はだいぶ簡単になります。日本の歴史は「二段階で出来上がっている」と言えるからです。

まず、平安時代にその基本形を完成します。そして、江戸時代にこれを大衆化するのです。更にもう一つをつけ加えるなら、「近代になってそれまでを捨てて忘れる」です。「基本形の完成→大衆化→捨てる」――が日本史の基本パターンだとすると、近代以後に訪れる「流行」というものも、これと同じパターンだと理解されるでしょう。もちろん、儒教だってこれと同じパターンをたどります。

平安時代になって、儒教のあり方は「基本形」を完成させます。「基本形」はなにかというと、「知る人ならみんな知っている」です。少数の人は「ちゃんと知っている」で、大多数のその他は「知らない」のままです。だから、その後の「大衆化」が必要になるのです。平安時代はそのような、「儒教のあり方の基本形の完成」です。

平安時代の朝廷の中核は、儒学者が作ります。この儒学者とはすなわち、「儒教を勉強した中下級官僚」のことです。

平安時代の公式文書は漢文です。だから、これを扱う事務方の官僚は、漢文と中国への教養がなければなりません。出世の見込みのない家柄に生まれた、真面目でおとなしくて勉強好きな下級貴族の息子は、大学寮へ行って漢詩と漢文の勉強をします。もちろん、中国製の儒教は、この中心にあります。

平安時代にも大学はありますが、これを「キャリア組」と考えてもしかたがありません。平安時代の「キャリア組」とは、「家柄のいい貴族」のことだからです。平安時代の大学出の事務官僚は、パッとしない事務官僚のままで終わりです。実入りもよくありません。基本給だけで暮らすような人生です。実入りをよくしたかったら、都の本庁を離れて、地方に税金を取りに行く国司になるしかありません。そうすると、地元の業者と癒着が出来て、私腹を肥やすことが出来ます。肥やした私腹で、都にいる上級貴族に貢ぎます。そして、ポストの昇進を願います。

平安時代には、大学出の官僚と大学出じゃない官僚の二種類がいます。「大学出じゃない」方は、家柄のいい上級貴族と、「勉強なんか好きじゃない」という中下級貴族です。都の武士は、「勉強なんか好きじゃない中下級」です。
「勉強なんか好きじゃない中下級」の出世コースは、地方へ行って癒着して、金儲けをして都へ戻り、「なんかテキトーな名誉職めいたポストに就く」で上がりです。都の本庁の中核は「大学を出て漢文が書ける事務官僚」で占められていますから、「大学出じゃない中下級」には、主流からはずれたポストしかありません。

一方、本庁の事務官僚の出世コースは、「大学を出て本庁の末端にポストを得、地方に転出して業者と癒着し、最終的には本庁の恥ずかしくないポストにありつく」です。現代の話をしているのではありません。平安時代の話をしているのです。「大学出」には、その程度のメリットがあるのです。

メリットとは、「オレは成り上がりなんかじゃない、筋目正しい王朝の中流貴族だぞ」と誇れることです。「筋目正しくない王朝貴族」とは、漢文が読めなかったり、中央での事務官僚になれないような貴族です。そういう、たいしたことのない中流事務官僚が「王朝貴族社会」の骨格を作るのです。儒教という学問は、その程度に役に立つのです。儒教とはつまり、王朝における「山手《やまのて》中流階級に必須の教養」みたいなものだったということです。

「上流」は、「中流」とは関係ないところにいる

ところで、「平安時代の貴族」と言うと、どうしても「色恋沙汰で日を送っていた」です。一方、儒教は色恋沙汰を喜びません。この両方が平気で同居出来ていた――儒教の骨格の上に色恋沙汰があるというのが平安時代ですが、それは、こう考えれば不思議ではありません。つまり、「真面目な仕事人間はただ働き、チャラチャラしていられるやつはただチャラチャラしている」です。「真面目な国立大学の学生が、女にもてず悶々《もんもん》として勉学に日を送るその横では、私大のお坊ちゃん学生が女とチャラチャラしている」と同じです。ただし、平安時代の国立大学出は、将来においてもたいした出世はできませんが。

たとえば、現代の国会答弁で、大臣は官僚の調べて書いて来た原稿を、そのままに読み上げます。その「実務は事務方まかせで、えらいやつは好き勝手をしている」は、昔からなのです。平安時代の上流貴族は、今の「与党の大物政治家」と同じようなものだと考えればいいのです。だから、好き放題です。近代になると、「官僚出身の大物政治家」も出て来ますが、平安時代には、まずそういうものがいません。菅原道真《すがわらのみちざね》は、その数少ない一人ですが、藤原氏の「有力政治家」と争って、地方へ飛ばされました。飛ばされた後は、怒って雷様になるしかありません。藤原氏の上流貴族と、その他の中下級貴族は、そのように隔絶していたのです。

「官僚上がりの大物政治家」が登場するのは、明治の維新政府が「官僚養成施設」である東京大学（帝大）を作って以来ですが、「上流と中下流は別」という長い伝統が日本にはあるので、日本人はその「東大出」を、なんとなく「家柄がいい」と同様に解釈してしまって、特別視するようになったのです。

「上流の人間は特別で、別格が当然」という考え方は、実は、官僚制度が整えられたその初めからあります。聖徳太子の決めた冠位十二階のトップは「大徳」ですが、だからと言って、当時の官僚達のトップに立つ蘇我馬子が「大徳」だったというわけではないからです。蘇我馬子や少数の「特別な重役」は序列から除外して、その下に、「大徳」を最上とするような「官僚の序列」があるのです。

「官僚には序列がある」と、「その上には更に特別な人間達がいる」の二段階が、日本の制度社会の基本形です。これがやがては、「会社には上司とヒラ社員の二種類がいて、上司は上司のピラミッドの中にいる」という二段重ね構造へと至ります。儒教は、この「序列」を強化する制度思想でした。それが、平安時代に完成した「儒教のあり方の基本形」で、次の鎌倉、室町にまでこの基本形は続きます。

　平安時代の後は武士政権の時代ですが、「公式文書は漢文で」は変わらないので、「政府を支える事務官僚＝教養としての儒教の必要」は変わりません。もちろん、「支配者がトップに立ち、天下はその支配者の徳によって治められる」という、儒教の徳治思想も変わりません。そして、幕府というものが、所詮は「肥大化して本社（朝廷）を管理するまでになった子会社」と同じだと思えば、社会制度の根本は変わらないのです。

下克上が「民主主義《デモクラシイ》」でもあるわけ

「序列」があって、その上に「特別」があります――これが「官僚社会日本」の基本形ですが、この「序列」の下には、「序列に組み込まれていないその他大勢」がいます。だから、「基本形が出来たら、次は大衆化」です。つまり、「序列の下にある〝その他大勢〟を序列に組み込む」です。

この「大衆化」のために必要なことは、既に出来上がっている「序列」を、一旦解体することです。「なぜか」は、もうお分かりでしょう。「序列の中にいる」ということ自体が「官制の身分を得ている」ということで、既に「特別」だからです。こう考えると、第二次世界大戦後の日本人が「みんな大学に行く」を目指して、「一億総中流」を達成したがったのは、「歴史の必然」ということにもなってしまいますが、私がしているのは「現代の話」ではなくて、室町時代の応仁の乱以降に始まる、下克上の「序列の解体」です。

下克上は、「序列」を作る基本原理の破壊となるもので、「下克上」という言葉の登場は、それまでに健在だった支配原理――「序列の上下は守られねばならない」という、儒教由来の思考の健在をあぶり出します。その意味で下克上は、固定された身分秩序を打ち壊す民主主義《デモクラシイ》なのです。

「下が上に克《か》つ」の下克上は、下から「序列」という枠組みを崩し、官僚的な秩序を無効にし、更にはその上にある「超越の特別」をも呑み込んで、一時的な混乱を作り出します。それが、戦国時代です。この時代の基本原理は、もちろん「実力主義」で、日本全国を混沌の中で一体化してしまった下克上の動きは、これを統一する「天下人」の登場によって、新たなる――そして大幅なる「序列の再構築」へと移ります。つまり、「日本全国に対する身分制の拡大」です。

それ以前に「身分」というものは、官僚にだけありました。朝廷に所属する官僚、朝廷を管理する子会社の幕府に所属する官僚――そこに限定されていた「身分」が、士農工商という形で拡大されるのです。これが、日本史の第二段階である「大衆化」です。儒教の大衆化も、これと共に進行します。

忘れられる前の儒教

儒教と言うと、「江戸時代の封建道徳の別名」のようにも思われますが、これは、江戸時代になって儒教が大衆化した結果の錯覚です。

たとえば、儒教は「女」を問題にしません。古代の中国は当然のように男尊女卑で、儒教はそもそも、エリート階級のための教養原理ですから、「女のための儒教」はないのです。つまり、「女はモラルの外に放っといてもいい」というのが、大昔の中国です。だから、呂后《りょこう》とか則天武后《そくてんぶこう》のような怪物的存在も現れます。清朝の西太后《せいたいこう》もそうですが、「モラルの外側でいい」とされる中国の女傑達は、平気で残酷なことをしでかします。「それでは困る」と考えるのが、江戸時代の日本人です。だから、「女のための儒教」も、江戸時代の日本では考えられるのです。だからこそ、「儒教ベースの江戸時代の女のモラル」は、「女の抑圧の代名詞」のようにもなるのです。

江戸時代の日本人は、「女のための儒教」も、「エリートではない町人のための儒教」も考えました。「自分達に必要なモラル」を考えて、そこにベースとなるような儒教があったから、儒教を「社会維持のモラル」として位置付け直したのです。それが、儒教の大衆化です。

手っ取り早く言ってしまえば、儒教は「叱言《こごと》を支える基本原理」です。「説教」と言えば「説法」と同じで、「仏の教えを説くこと」でしたが、江戸時代以後のお説教は、「おまえは儒教道徳にはずれている」と説くお叱言《こごと》のことです。人を叱るにも「基本原理」が必要で、儒教は大衆化することによって、その「基本原理」になりました。だから、その基本原理が「古い」と思われたら、「叱る」ということが成り立たなくなるのです。

「あんたの説教のしかたは古臭い」は、イコール「あんたの説く論理は、江戸の儒教道徳だ」ということです。それが「古臭い」になって、それに代わる「基本原理」が消えて見つからないままだから、現代では「叱る」が成り立ちにくくなってしまっているのです。

儒教はなぜ忘れられたか

儒教は、もちろん江戸幕府を支える「支配原理」ですが、下克上の時代に一度解体されて、本来ならば存在しない「大衆化」の方向さえも備えてしまった儒教は、そうそう単純な「支配原理」ではありません。それはもう、「解釈の自由」を獲得してしまっているからです。

かつて、マルクス主義の世界では、「修正主義」が非難されました。「マルクスの教えは正しいから、そのまま実践されなければいけない」と思われていたからです。ところが、江戸の儒学は修正主義の花盛りでもあります。中国から来た朱子学があり、陽明学があります。どちらも、孔子の解釈し直しです。ここに、町人達の学問も加わって、「いろんな儒教」があります。ということは、「儒教を原則にして、現実はどのような基本原理を持つべきか」が盛んに考えられたということです。江戸時代に唯一と言ってもいい「思想的な革命行動」は大塩平八郎の乱ですが、大塩平八郎を支えたものもまた、儒教です。

儒教を斜陽化させるきっかけの一つとなるのは、江戸時代の中頃から明確になって来る国学です。「日本のアイデンティティ」を考える国学は、「日本のオリジナリティ」を探して、「漢意《からごころ》の排除」という方向へ進みます。儒教と仏教は、外国から入って来て日本文化の形成に大きな影響を与えた「異文化」の双璧《そうへき》ですから、「漢意」の代表です。明治になって廃仏毀釈《はいぶつきしゃく》の運動が起こるのも、この延長線上にあるものですが、仏教は排斥されても、儒教は排斥されません。なぜかと言えば、儒教が徳治主義で、「天子の徳」を説くからです。

国学は反幕運動のバックボーンとなりますが、徳川将軍が儒教原理の上に存在しているのと同様、天皇もまた、儒教原理の上に存在しているのです。明治になって天皇中心の国家主義が前面に出て来れば、これを支える「忠君愛国」のスローガンも浸透して来ます。もちろん、このスローガンを生む母胎は、儒教です。儒教的原則はすたれないのに、儒教はすたれて行くというのが、明治以降の日本近代です。それがなぜ起こるのかという理由は簡単です。国家主義の明治政府が、「文明開化」を推し進めるからです。

「文明開化」は、これを阻む「古い考え方」を、「旧弊」として攻撃します。「旧弊」の典型は、江戸時代に大衆化した儒教道徳です。西洋の思想は新しい、これを阻む儒教道徳は古いのですが、これはまた、「新しい維新政府は正しく、古い徳川幕府は間違っている」という対比でもあります。

儒教道徳は「旧幕思想」であり「封建道徳」にもなりますが、「文明開化」を推進する明治政府は、その一方でまた「忠君愛国」の儒教原理を必要ともしています。だから、一方では「儒教は古い」として忘れられ、その一方で「変える必要のない当たり前の考え方」として、深く定着して行くのです。

その日本が軍国主義に至り、敗戦という結果を迎えてしまえば、後はもう一直線です。「忠君愛国」を支えた儒教はもう完全に古くて、どんどん忘れられるのです。

三 「民主主義」という能力主義

それでは、儒教はよくないのか？

それでは、忘れられてしまった儒教は、よいいものなのでしょうか？ 私の言えることは、ただ「それは一つの考え方だ」だけです。なにしろこの私は、「〝自分は正しく賢明でいい上司だ〟と思いたがる上司の下にいる部下が愚かなのは、その上司に〝上司としての徳〟が足りないからだ」と言う人間です。そうそう単純に「儒教はよくない」なんてことを言いません。私が言うべきことはまず、「存在していたものをさっさと忘れるだけで〝関係ない〟にしてしまう態度は愚かだ」です。

元凶は本当に「儒教」なのか

日本の儒教の欠点は、物事を固定的にしてしまったことです。なにしろ儒教は、日本の歴史を貫いて存在する「官僚の序列」——そこから派生する「官僚的な序列」を作ってしまったものなのです。「忠君愛国」はなくなっても、「上司は〝上司〟であるがゆえに、なんとなく特別なものと思えてしまう」は、消えてなくなりません。日本人はそのように、儒教的なものを残しているのです。

　ところでしかし、です。果たしてそれは、本当に「儒教的なもの」なのかという疑問だって残ります。というのは、日本人は、儒教を十分に日本化してしまっているからです。

日本的な特徴

日本と、儒教の本場中国とでは大きな違いがあります。それは、同じ儒教圏の朝鮮と日本との差でもありましょう。なにかというと、「日本には王朝の交代がない」ということです。前にも言いましたが、中国では王朝の交代があって、天子がいくらでも変わります。それを中国人が、「天子に徳がなくなったら交代せざるをえない」と考えていた結果かどうかは、実のところ分かりません。しかし、日本では「王朝の交代」がありませんでした。儒教的に重要なのは、もしかしたらこちらの方かもしれないと、私は思います。つまり、「日本の天子は勉強をする」です。あまりそんな風な考えられ方をしてはいませんが、「日本の天子は徳を積むために常に勉強をしていて、それであるがゆえに、日本に王朝交代の必要は生まれなかった」という考え方も出て来るのです。

どの国にも「王様のご乱行」という種類のスキャンダルはあります。ところが日本は、これが神話時代を除けば、ほとんどありません。ということになると、「日本の天皇は、すべて真面目で聡明だった」と言っても間違いではなくなります。「日本の天子は徳を積むために学問をしていた、それで日本は王朝の交代がなかった」は、あながち間違いではないのです。しかし、そういう言い方はほとんどされません。なぜかというと、日本では、そういう天子に「政治的実権」が宿ることが、少ないからです。「例外的」でさえあります。つまり、「天子の徳」という儒教的事実が、政治の実態と結びつかないのです。それが、儒教を導入して「徳治主義」を実現したはずの、「日本の政治」なのです。

天皇に政治的実権がないのは、これを補佐する「特別の立場の臣下」がいるからです。摂関政治の藤原氏にこれが確立されて、武士の時代になると「将軍」、明治になると「維新の元勲」

という「特別な臣下」が、これを引き継ぎます。ということは、この特別な立場の重臣達が、天子に対して「ご学問をなさいませ」をもっぱらにしていたということでもあります。事実、公家諸法度《くげしょはっと》を出した江戸幕府は、天皇に「学問御専一の事」を押しつけました。

ということは――で、これをもう一度引っくり返します。すると、こういうことも考えられます。つまり、「日本で王朝の交代が起こらなかったのは、重役に社長を追い出すだけの自信がなかったから」です。

天子は、学問をもっぱらにして「徳」を保ちます。「そのようになさいませ」と、天皇を補佐して政治の実権を握る「重役」も言います。そうして、天皇は「徳」のエキスパートになります。そうすると、天皇を追い出して日本を乗っ取ろうとする人間にとっては、困ったことになります。天皇は誰よりも「徳」にすぐれていて、天皇を追い出したとしても、その悪人は天皇より「徳」において劣るから、新しい天子にはなれない――新しい王朝の祖にはなれないのです。

天皇から政治の実権を奪ってしまう――日本政治の実力者達は、みんなこれをします。しかし、中国の悪人はそんなことをしません。天子から政治の実権を奪いたがる彼の国の悪人は、天子に「酒色」を勧めるのです。そうやって天子を愚かにするのが、天下を簒奪《さんだつ》するための悪人の手法です。ところが日本では、この逆をやって、天子を賢くするのです。そうして、天子から政治の実権を奪うのです。

なぜそんなことをするのか？　私にはその答が一つしか浮かびません。つまり、「政治の実権を握る者達は、その〝徳〟に自信がないから、〝徳のエキスパート〟である天子にいてもらいたがる」です。

なんとも不思議ですが、それが私の思う「日本的な特徴」です。

「徳」とは、「能力」のことかもしれない

ということになると、「徳とはなんなのか？」ということにもなります。とてもむずかしい問題のようですが、その答は、既に「日本的な特徴」の中に浮かび上がっています。「徳」という言葉を、「能力」という言葉に置き換えてみればいいのです。

「天子の徳」は、「天子としての能力」です。天子というものを「天下の主権者」と考えれば、「天下の主権者としての能力」です。だから当然、これは「政治的な支配能力」と考えられます。ところが、それは天子の管轄するところではありません。「天皇を補佐する」を名目とする、「政治の実権を握った者」の管轄です。だから、分からなくなります。

ところが、中国では話がもっと簡単です。中国全土を平定した者が、「天の声にかなった者」として、新しい天子になります。そうして、新しい王朝が始まります。ここでは、「天子の能

力」と「政治的な支配能力」がイコールです。当たり前でしょう。中国全土を平定して新しく天子になった者に「政治的な支配能力」が欠けていたら、天子になんかはなれるはずはないのですから。

それが、中国の「当たり前」です。ところが日本では、「当たり前」になりません。「天子としての能力」と「政治的な支配能力」は二分されます。新しくのし上がって「天下の実権」を握った者は、自分の上に「天下の主権者としての能力を持った者＝天子」を置くのです。これはどういうことでしょう？　中国的な基準を持ち出せば、この煩雑あるいは謎は、簡単に解けます。つまり、「天下の実権を握っても、新しい権力者には〝天下の主権者〟を自称する自信がない」です。

自信がないから、「天下の主権者としての能力」と「政治的な支配能力」を二分して考えてしまうのです。それが、無意識的に行われて、それが「日本の当たり前」になるのです。だから、「政治的な支配能力」とは区別された「天下の主権者としての能力」は、「天下の主権者の特別」になってしまうのです。

だから、「徳＝能力」と解されていいものがそうならず、「徳＝特別＝なんだかよく分からない」になってしまうのです。

唐突かもしれませんが、これが私にとっての「日本で能力主義が根づかず、年功序列制がそのままになっている理由」です。

日本の儒教は、固定的な「立場絶対主義」として残った

もう一度考えてみましょう。日本の貴族や上級武士は、すべて官僚です。官僚は「序列」の中にいます。その「序列」を作ったのは儒教です。官僚達にとって、重要なのは、序列だったのか、儒教だったのか？

官僚達の必要とした序列は、生まれた家柄や、「長幼の序」という年齢順で出来上がっています。ここで「能力」は、序列を乱すものとなります。だから、「能力」を基にした実力主義の下克上は「乱世」です。ところがしかし、儒教の「徳」は、フレキシブルな「能力」でもあります。「能力」でもあるような「徳」を活かすように、日本の官僚達は序列を作ったのか？

「序列を作る」ということ自体が、既に「能力を活かす」からはずれています。

「私はコレコレシカジカの家筋に生まれ、誰それよりは年長で、別の誰それよりは年下です。だから、それ相応のポストを下さい」が、昔の「昇進のお願い」でした。そこに「私はかくかくしかじかのことをしました」と付け加えてしまえば、「図々しいやつだ」と言われます。鎌倉から戦国の武士は、「これこれのことをしたから、相応のものをくれ」と言いました。平安時代の貴族にとって、これは「図々しい要求」です。鎌倉武士の図々しさが、今の人の目を輝

かせる率直なものなら、その自己申告の能力主義は、日本の歴史の中で例外的で、現在でも例外的なものなのです。つまり、この日本では、「生まれ」とか「年齢」とか、あるいは「学歴」という「その過去において既に定まっている立場」しか問題にしないということです。

日本の儒教は、「そのように考えるべきだ」という方向付けに利用されました。だから私は、「儒教がいいか悪いかではなく、〝儒教という一つの考え方があった〟ということの方が重要だ」と言うのです。

そして、哀れというのは、この序列を作って守った、官僚達です。彼等の作った序列は、彼等の「序列を作る能力」に対してむくわないのです。平安時代の「大学出」の哀れさを思い出して下さい。官僚というものは、その序列の中に入り、序列から少し逸脱して「私腹を肥やす」をしないと、その序列の中ではむくわれないのです。どうしてそうなったのかというと、それは、「事務官僚なんかその程度のものでいい」と思っている、「序列の上にいる特権的な人物」が、その序列を作らせたからです。序列を、「そのような固定的なものと解釈せよ」と、彼の権勢の中で方向付けてしまったからです。それは、蘇我氏、藤原氏と続く「日本史の基本形」を作る段階で確定してしまったのです。その後は、そのあり方を習慣的に受け継いで行くだけです――その日本に民主主義が入って来てしまったから、ややこしくなったのです。

民主主義とは、能力主義である

民主主義というのは、能力主義です。それを言えば、話はどれほど分かりやすくなるでしょう。

たとえば、「上司をバカにせず、しかも〝上司はバカかもしれない〟という可能性を考慮する」です。これだけだと、なんだかすっきりせずに分かりにくいです。でもこれを、「上司をバカにせず、しかも〝上司はバカかもしれない〟という可能性を考慮して、上司にも分かるような文章を書く能力」と言えば、すべてが簡単になります。そういう能力のある人は、「上司をバカにせず云々」を、「あ、そうか」と言って、簡単に呑み込めます。そういう能力に欠けていると思う人は、「そういうことを勉強しなきゃな」と思います。民主主義は能力主義なので、「能力」という言葉が登場すると、すべて簡単になるのです。

「民主主義以前の世の中」は能力主義ではないので、こういう簡単な分かり方が出来ません。だから、「自分はどうも簡単な分かり方が出来ないな」とお思いの方は、「自分の頭の中は、民主主義以前の立場絶対主義の考え方に冒されているかもしれない」とお考えになった方がいいと思います。大昔の、儒教によって補強された「立場絶対主義」は、今でもそれをちょっと薄めた「立場固定主義」として、十分に生き残っているのです。

「人は生まれ落ちた身分や家柄によって違う」というのは、立場固定主義です。「上司は〝上司〟だから特別だ」も、立場固定主義です。「年上の人は尊敬しなければならない」も、儒教の「長幼の序」で補強された立場固定主義です。「日本の社会には能力主義が根づかない」と言われるのは、日本の社会がまだ「能力主義＝民主主義」を消化していないからです。

しかし、人の能力は平等じゃない

民主主義は能力主義ですが、しかし、日本人はそう考えません。「能力主義は弱肉強食で、全員平等の民主主義を脅かす」と考える人だっているでしょう。きっと、当たり前にいるでしょう。

「人間は皆平等だ」は民主主義の前提ですが、この「平等」は、なにを指して「平等」なんでしょう？　この「平等」は、「人として生まれ出たそのスタートラインにおける平等」です。「生まれによって差別する、生まれによる違いを問題にする」が民主主義以前で、民主主義はこれを覆したのですから、民主主義の「平等」は、「生まれというスタートラインにおける平等」と、その保証です。スタートラインは「平等」ですが、その後は別です。なにしろ、このスタートラインの「平等」は、「生まれによる違いを問題にしない」なんです。つまり、「違っていてもいい」なんです。「違っていてもいい」という形で平等にスタートを切るのが人間なんです。その後が「別々」でも一向にかまいません。ところが、「人の平等」を言いたがる人は、時として、このことを理解しないのです。「初めが平等なら、その後も平等であらねばならない」と。

「違ってもいい」でスタートとして、そのそれぞれの能力を発現させるのが人間です。ここに「その後も平等」を持ち込んだら、平等に発現させた能力の「それぞれ」を否定することになります。人間に対する、重大な侵害です。それは、「人は平等なのだから、平等にサラリーマンになって、平等に賃金体系に即応した賃金を得る権利がある」と言うようなもので、こんな考え方は、「そもそもサラリーマンになんかなりたくない」と思う人間に対する差別です。「人は平等なのだから、平等にサラリーマンになれるようにすべきである」と言われたって、なりたくない人間の言うことは、「なりたくなんかないんだってば！」だけです。

「後の平等の保証」は、民主主義なんかじゃなくて、全体主義です。「スタートラインは平等だが、その後は別々」というのは、「恵まれない結果に至った人を恵まれないままに放置しておいてよい」という考え方とは、まったく別です。別なのに、それをさも「同じ」と言いたがる、「初めも平等で後も平等で、だから当然その間も平等」と考えてしまう人の頭の中はどうなっているのでしょう？　これもまた、立場固定主義なのです。

「生まれが平等ならその後も平等」とは、スタートラインにおける「平等」を固定的に考えるもので、実のところ、「生まれがいいなら、その後もよくなければならない」と同じものです。

「生まれがいい以上、その後もよくなければならない」という考え方は、その一方に「生まれが悪いから、その後も悪くていい」という考え方を必須にします。だから、「それではまずいから」というので、この両極端を平均化してしまうのです。つまり、「生まれが中ぐらいだから、その後も中ぐらい」です。そして、「みんなが中ぐらいだから平等」と考えるのです。これが、日本人の一億総中流をよしとした、「立場固定主義による民主主義の解釈」です。

ここには「能力」の存在する余地がありません。それなのに、ある時期の日本人と日本の官僚は、これをちっとも不思議がりませんでした。「数量的な平均値を取って、それを日本人の基準にする」で、平気でした。それはなにかというと、「徳」という考えを輸入して、その「徳」から「能力」のフレキシビリティを奪い取った、日本的な立場絶対主義です。残念ながら、民主主義は能力主義で、人の能力は「均一」ではないのです。「均一」と「平等」をごっちゃにして、「人の能力も平等だ」と言うのは、とんでもない間違いです。それは、人の「努力」を黙殺するものだからです。

能力主義は「ノルマ達成主義」ではない

日本の会社に能力主義を根づかせない最大の要因は、今では「崩れた」とも言われる、終身雇用の年功序列制です――そのように言われていますが、崩れつつあるのは「終身雇用」の方だけで、年功序列制の方は、まだまだ健在でしょう。というのは、日本の会社の中に「社員の能力を測る」というモノサシがないからです。

「日本の会社の能力主義」ですぐ思い出されるのは、会社の壁に棒グラフで貼り出される、セールスマンの「今月の成績」です。これは「能力主義」でしょうか？ 違います。単なる「ノルマ達成主義」です。日本の会社は、「能力」というものがよく分からないので、平気でそんなことをしているのです。

まず、「能力」というものは、人それぞれによって違うものです。そう簡単に「棒グラフ」にはなりません。そして、「能力」は浮き沈みをするものです。「能力のある人」だって、平気でスランプに陥ります。「ノルマ達成主義」なら、この時平気で賃金を減らすでしょう。しかし能力主義は、「その人の能力」を評価するものであり、と同時に「能力あるその人」をも評価するものなのです。つまりは、「人を見る」です。「人を見る」になると、「主観が入って曖昧になる」と考えるのが日本人です。「能力主義の評価というのは、年功序列制よりも進んだものなのだから、もっと機械的に明確にはじき出されるもので、〝主観の曖昧〟とは違うものだろう」と考えます。これがまた、「そう考えりゃ楽だ」の、立場固定主義です。能力主義というのは、そういう、曖昧でもある人の主観を前提にするものだからです。

考えてみれば分かります。「部下の能力を判断しろ」と言われて、曖昧にしか把握出来ない上司は、有能な上司ではないでしょう。「人を見ると曖昧になる」程度の主観しか持ち合わせていない人間達に、能力主義は無理なのです――その程度に、日本人は「民主主義＝能力主義」に慣れていないのです。

「親との関係」はどのように解決されたか？

日本人が「民主主義＝能力主義」を消化出来ていないのは、それを我が物とする必要に、直面していないからです。直面していたのかもしれないけれど、それを回避してしまっていたからです。会社の中で「能力主義＝民主主義」を根づかせられない日本人だって、それを別のところで達成してはいます。それをちょっと考えてみましょう。

たとえば、「上司をバカにせず、しかも〝上司はバカかもしれない〟という可能性を考慮する」です。これが「民主主義＝能力主義」の考えに基づいていることは、もうお分かりでしょう。この「上司」の部分を、「親」という言葉に置き換えてみます。そうすると、なにかは明瞭に浮かび上がって来るはずです。

「親をバカにせず、しかも〝親はバカかもしれない〟という可能性を考慮する」です。そんなに不思議なことでもないでしょう。

年頃になって親がうっとうしくなり、親をバカにする――子供がそういうプロセスをへるのは珍しくありません。誰にでもその経験はあります。親をバカにして、親との仲がこじれて、そして大人になってから思うのです――「自分はまだ若かったから、親に依存したい気持ちもあって、それであんな風に親をバカにしたのだな」と。そして、もう年を取ってしまった親を見て、こう思うのです――「親をバカにせず、しかも〝親はバカかもしれない〟という可能性を考えながら接していくのも、必要かもしれないな」と。

別に、不思議ではありません。かつての日本人が、「親」に対するこんな考え方を知ったら、「親をバカにするな！　親不孝者！」と怒って仰天するかもしれませんが、今ではこんな考え方は、当たり前です。当たり前で合理的で、そして、民主主義的です。「親と自分との関係」を、「能力」を前提にして理解しているのですから、能力主義的です。「親孝行」とか、そんな江戸時代由来的な儒教道徳による「親からの抑圧」に苦しんでいた日本人は、こんな合理的な考え方を生み出してもいるのです。

それでは、どうしてこんな考え方が「当たり前」になったのでしょう？　それは、日本人がそれだけ「親とのつきあい方」に悩んだからです。民主主義の世の中になって、儒教的な考え方が社会から一掃されて、でも「親と子の関係」からはなかなかそれが消えませんでした。「親孝行」というのは、儒教が重視するものです。それが消えなくて、ややこしくて、だから「なんとかならないかな」と、日本の子供は「親とのつきあい方」を悩んだのです。だから、

「親をバカにせず、しかも〝親はバカかもしれない〟という可能性を考慮する」という方法論も定着したのです。日本人はそうやって、「親との関係」においては、「民主主義のあり方」を達成したのです。

でも、会社というものは、そのターゲットからはずれました。親との「古い関係」に悩む日本人は、「会社」というものを、そういう「古い問題」とは無縁の近代的なものと考えてしまったからです。

会社は「近代的なもの」かもしれません。しかしそれは、日本人の組織です。近代以前の大昔から、日本には「人の組織」があります。それがいかなるものかは、既に前節「儒教——忘れられた常識」で語った通りです。日本の組織はそのようにへんてこりんで、でも日本人は、そのへんてこりんな組織を使って「世界一の経済大国」を達成したのです。

その全体は「へん」で、不合理ではあるけれど、それはまた「有効な手段」でもあったのです。そこを明確に見据えないと、打開策は生まれないでしょう。我々はそのような伝統を持っているのです。「そう考えていた伝統」を頭に入れなければ、「こう考えよう」は生まれないのです。

会社に吹く二つの風

会社の中には、方向の違う二つの風が吹いています。一つは、その命令系統にのっとって、「上から下へ」と吹く風です。もう一つは、その逆の、現場から会社へと吹く「下から上へ」の風です。それはそれでいいのですが、実はこれは、「二つの風」ではありません。どうしてかというと、この二つの風は「一つの流れ」を作っているからです。

たとえば、現場から「ここに利潤の元が眠っている」の声が上がって来ます。下からの声は上に上がって、やがて「その利潤を得ろ」という上からの声に変わり、現場へ戻って来ます。「下から上へ」の声は、「上から下へ」の声に変わります。別に不思議ではありません。いたって自然で当たり前のことです。そうなっていない方がおかしいのです。

空気は暖められると軽くなって、上へ上がります。上がると冷えて、重くなって下がります。空気の対流現象です。最早、誰でも知っていることです。一つの同じ空気が、暖められれば「軽い空気」に変わり、上へ上がります。冷まされれば「重い空気」になって、下へ下がります。「下から上へ」と「上から下へ」は、同じものの違う局面です。違うものではありません。「対流現象」を知っていれば、このことは分かります。でも、それを知らなかったら、「空気には、暖かく軽い空気と冷たく重い空気の、二つの違う空気がある」になりますし、「上から下へ吹く風と、下から上へ吹く風の、違う二つの空気が別々に存在する」になります。「会社の中には方向の違う二つの風が吹く」も、これと同じです。会社の中では、一つの空気が循環して、対流現象を起こしているだけなのです。

だから、上司には「その場で部下のまともなアイデアを拒絶する権限」がないのです。その代わりに、「部下のまともなアイデアを上に上げる権限」があるのです。そうでなかったら、風が「下から上へ」吹きません。そうでなければ、会社にあってしかるべき「対流現象」が起こりません。風は、「上から下へ」という、人為的な命令系統に沿ったものしか吹かなくなります。そうなって、会社は現場から離れ、会社を構成する「上司のピラミッド」の高さだけはますます高くなります。そうして、会社は枯死への道をたどるのです。

そうなる前に、当然、「これはなんかへんだ」という声が起こります。そして、「会社の中には方向の違う二つの風が吹いている」という考えが生まれます。「〃上から下へ〃だけではない。会社の中には〃下から上へ〃もある——あってしかるべきだ」という考えは、あまりにも強すぎる「上から下へ」を牽制するために生まれる考え方ですが、これは当然、不十分で不正確です。なぜならば、会社の中では、一つの風が対流現象を起こしているからです。

会社は、現場の上に出来るのです。「会社」と「現場」とは、それぞれに違う出来上がり方をしています。「温度差」があって当然です。「対流現象」が起こるのは当然です。それは、初めからあるのです。初めからあるのに、人間はそれに気づかない——そういうもんだから、人間の社会には厄介が起こるのです。

時代もそれと同じです。過去と現在の「二つ」があるように見えて、実は「時間」という一つのものなのです。「過去から現在を見る」と「現在から過去を見る」の二つが一緒になって、「未来を見る」が起きるのです。儒教の「徳」が「能力」であるのなら、儒教はちっとも古くはありません。しかし、この「徳」が「能力でもある」という見方を拒絶したら、古いものは「古いまま」で終わりです。「能力」とはそのような形で発見し、動かすものなのです。

四　もう少し「日本的オリジナル」を考えてもいいんじゃないだろうか

どうして日本は「世界一」から転落したのか

このわけの分からない本も、そろそろ終わりです。このまま終わると、きっと「なんだか分からないまんま」になるでしょう。ここら辺で、「衝撃のラスト」なんてものが来るといいなと思うので、ちょっと「大きな仕掛け」を考えます。「どうして日本は、世界一の経済大国から転落してしまったのだろうか？」です。

かつての日本は、「世界一の経済大国」でした。それがバブルで転んで、今や見る影もないありさまです。「なんでそんなことになったんだろう？」と考えて、すぐに横道にそれてしまう困った私は、別のことを考えています。それは、「どうして日本人が国際競技で優勝すると、すぐに国際競技のルールは変えられてしまうんだろう？」です。

背泳の鈴木大地は、かつてソウル・オリンピックですごい記録を出しました――出したのに、すぐパッとしなくなりました。どうしたんだろうと思ったら、国際水泳が背泳のルールを変えちゃったんだそうです。スキーのジャンプ競技では日本チームが圧倒的に優勢で、一時は「日の丸飛行隊」と言われたこともあります。オリンピックの表彰台を独占したみたいに見えました。でも、すぐにパッとしなくなりました。ジャンプ競技のルールがいじられたのです。私が知らないだけで、他にもそんな例はまだあるのかもしれません。どうして日本人がすごいことをすると、「そうはさせじ」とばかりに、「国際」の方は、その根本のルールを変えてしまうんでしょう？　まるで、思いつきでものを言う最悪の上司みたいなものです。

貿易交渉で、日本は必ず不利になる

基本のルールを変えられて日本がだめになってしまうのは、日本が他とは違うことをしているからです。だから、「それが出来ないようにしてやろう」という発想があっ**ち**に生まれて、日本はだめになるのです。他と違うことをしていなくて、それで強かったら、ちょっとルールをいじられただけで「情けない結果」になるはずはありません。

かつて、日本が工業製品の輸出で欧米を圧すると、必ず「ダンピングだ！」という声が上がりました。そのおかげで、日本の労働者の賃金はどんどん上がり、世界一の高さになってしまいました。おかげで、「賃金の安いアジア」に、生産の拠点を全部持って行かれました。

輸出に精を出して「世界一の経済大国」になっていた日本に対して、どうしても勝てないアメリカは、「ずるい、もっと国内消費を増やして、輸入を増やす努力をしろ」と言いました。おかげで日本人は、バブルのブランド狂いです。その頃のアメリカは、「グッチやヴィトンのバッグの輸入を増やせ」と言ったわけではなく、「ケチャップの輸入を増やせ」と言ったのですが、なんでアメリカ人に「日本はもっと食い物にケチャップをかけろ」なんて言う権利があったんでしょう？　謎です。

日本人はケチャップより、かけるなら、マヨネーズの方が好きです。かけたがる人はなんにでもかけます。私がアメリカの商売人なら、「日本人はケチャップよりマヨネーズの方が好きだから、我々はマヨネーズの輸出に力を入れよう」と考えますが、アメリカ人はそう考えません。考えずに言うことは、「不公平だ！　市場の開放をせよ！」です。そうして、日本は外国との貿易交渉で、必ずと言っていいほど負けます。

そんな日本だから、『「ＮＯ」と言える日本』という本を書いてみる、せっかちな人もいます。

私なんかは、「NOと言う前に、声に出してあきれるべきだ」と思います。「NO」と言って、相手と論争なんかしたら不利です。どうせ相手は、勝手に論争のルールさえ変えます。ほとんど「思いつきでものを言う上司」です。なにしろ、向こうはずっと、「日本の先進国」でしたから。

我々は、あきれるべきだったんです。ところが、あきれなかったのです。どうしてあきれなかったのでしょう？

その一つは、「〝あきれた〟を意味する声の出し方を知らなかったから」です。どうして知らなかったのかと言うと、「あきれてもいいんだ」という考え方をしなかったからです。どうしてしなかったのかと言うと、「そういう知的に高度な対処法がある」と知らなかったからです。

それでは、どうして高度な対処法を知らなかったのでしょう？　それは、「我々は相手に比べて劣っているから、相手に対して〝高度な対処〟など出来るはずはない」と思っていたからです——もちろん、これは第二次世界大戦後の話ですが。

敗戦前の日本人は、「我々は相手に比べて劣っていないから、相手と同じような対処法をとる」と言って、戦争をしました。そして、負けました。結果、「我々は劣っている」という深い傷を負ったのですが、私はもう一つ別のことを言います。それは、日本人が「自分達は〝先進国〟と言われる国とはちょっと違うことをやっている」ということを、明確に理解していないということです。

日本の会社は、現場の声を聞いて大きくなった

第二次世界大戦後、輸出に励んだ日本人は「世界のセールスマン」と言われました。もちろん、バカにされてのことです。

「先進工業国」と言われたヨーロッパやアメリカに、「セールスマン」となった日本人は、なんと「工業製品」を売りに行ったのです。「お前んとこのもんがロクなもんであるわけないだろう」と言う声に向かって、「そこをなんとか、一つ、ごらんになるだけでもなって下さい。お気に召さないところがございますなら、なんとでもご希望に沿えるようにいたします。こう申しちゃなんですが、製品の方には、手前共、自信はございます」と、慣れない英語で言いました。それが「セールス」だと思えば、別に珍しいことじゃありません。でも、そんなことをして世界を制したのは、日本だけなんです。

二十世紀の基本を作る十九世紀ヨーロッパのセールスマンは、バックに軍隊という「こわい人の集団」を引き連れていました。その口上も、「ウチのはいいもんですよ。買わないのはバカですよ。買わないとこわい人が来ますよ」でした。そうして、インドや中国は植民地にされるのです。「そうなっちゃ大変だ」と思って、日本は明治の近代化へと向かったのです。

第二次世界大戦の前の「輸出」というセールスは、バックに「軍隊」を控えさせるのが当然でした。だから、戦争は簡単に起こったんです。戦後に、その風習はさすがに影をひそめました。しかし、その戦後に、高飛車なお客さんに頭を下げて回って商売をしたのは、日本だけです。つまり、日本は「現場の声」に耳を傾けて、一生懸命商売をしたのです。

日本の「技術力」と言われるものは、その「現場の声」を反映した結果、高められたのです。だからこそ、自動車の本場であるアメリカで、日本車は市場を制しえたのです。「他とは違ったことをやる日本」は、そうして経済大国№1になったのですが、そうなった日本のやった「違ったこと」とは、「現場の声に耳を傾ける」だったのです。

牛肉の輸出をしたいアメリカは、ＢＳＥが発生しても、「気にすることはない」で、日本の要求する牛の全頭検査をやりたがりません。輸入する日本は、アメリカの「お客さん」なのです。「お客さん」が、いやがって心配して、「やってくれ」と言っているのに、平気で「ＮＯ」と言っていられるアメリカはなんでしょう？　「ＮＯ」と言って、しかも「買え、市場開放をしろ」と言うのです。

少し、あきれるべきではないでしょうか。「現場の声に耳を傾ける」をやったのは、日本だけなのです。その日本が世界一になったのなら、「現場の声に耳を傾ける」は、正しいのです。正しいことをして一番になったのに、愚かな日本は、そのことを理解しなかったのです。だから、「思いつきでものを言う上司」のような先進国から、「フェアじゃない」などと勝手なことを言われて、それに対して、「はい、すいません」と言ったのです。

別に私は、「金儲けに勝った日本が正しい」と言っているわけではありません。「日本が経済大国№1になった時、〝現場の声を聞かない会社はだめになる〟が明確になった」と言っているのです。そういう新しい状況を、日本は開いてしまったのです。だから、「世界中のどこにもう現場はない」という二十一世紀状況にだって、日本は対処が出来るだろうと思うのです。

日本は「世界で一番」になって、それに反感を買われて、無理矢理、「その実績を達成した前提となるルール」を変えられてしまったのです。しかも、そのことをロクに理解していなかったのです。問題は、そこです。

それで、日本はどうするのか

「世界は徳のない上司に満ちていて、日本はそれに忠実にして孝なる部下」かもしれません。そして、「徳のない上司に引き上げられて、その結果、思いつきでものを言うしかない上司になった」なのかもしれません。

過去はどうでもいいです。確かなのは、二十一世紀の世界は「やせた現場」に満ち満ちていることだけです。

「やせた現場」に業《ごう》を煮やして、「戦争をしてでも、豊かで新しい現場を確保してやる！」を実行してしまう国もあります。「現場の声」を聞かず、一方的にそんな決断を下してしまうトップのいる会社は、必ず枯れます。それは、日本のやることではありません。「やせた現場」をコツコツでも歩き回って、「どうすればこの現場をもう少し豊かに出来るか？」を考えるのが、日本のやることです。なにしろ日本は、相手が先進国であろうと後進国であろうと、「現場の声」を聞いたのです。聞いたのは、日本の「民」であって、「官」ではありませんけれども。

その日本のやり方が「正しい」と知っている「部下達」は、きっと世界にいっぱいいるんだと思いますよ。でも日本は、それに対して「思いつきでものを言うだけの上司」になってしまっている可能性大です。「大」じゃなくて、もうそうなってしまっているのかもしれません。

ということになると、「それで、日本はどうするのか？」になりますが、日本のやることは、「部下」と一緒にやせた現場を歩き回って、「さて、これからどうするか？」と考えることだけでしょう。「もう〝大きくなる〟は古くなっちゃったしな」とつぶやきながら。

その先に「どうするか」を発見する能力は、日本にあるだろうと思いますよ。なにしろ日本人は、「他とは違ったことを平気でやる」なんですから。それもまた、「現場の声を聞く」をする日本人の習性かもしれません。

世界は「現場」、他人も「現場」、そして、自分もまた「現場」なんです。日本人に欠けているのは、一番最後にある「現場」への感覚だけかもしれません。だから、「本当に、あきれてもいいんだろうか？」なんて迷うんです。

「あきれていいのかどうかよく分からない」は、まだ自分の置かれている状況がよく分からないだけです。「あきれられる」は能力なんですから、それが出来るようになるまで、自分を養うしかありませんね。

あとがき

なにか書けばいいのかもしれませんが、もう思いつくことがありません。しかも、パソコンを使わず原稿用紙に万年筆で文字を書く私の手許で、ちょうど原稿用紙が尽きようとしています。お店はもうやっていない大晦日です。ここで終わるのは区切りがいいので終わりです。「いかにも日本人らしい終わり方ですね」と言ったら、怒る人もいるかもしれません。でも本当だからしかたがありません。終わりです。

あとがきのあとがき

ということを書いて、しかし私は、その後で「書き足し」を命じられました。言わないこっちゃありません。しかもその理由は「もうちょっと読みたいから」だそうです。そんな勝手なことがあってもいいものかと思って、でもやっぱり私は「書き足し」をしてしまいました。

「作家がえらい」などということはありません。

ところで私は、「就職」というものをしたことがありません。サラリーマン経験ゼロです。それなのに、なんでこんな本が書けるのか、という話です。「お前は、どうして〝会社〟などというものを知ったのか？」です。

実は作家というものは、「出版社」という会社における「お出入り業者」なのです。そのような形で、「会社」というものを分かるのです。この本は、「現場の更に下からの声」が書いているのです。

作家には「担当編集者」というのがいます。「営業の仕入課の若い方」ですね。お出入り業者の作家は、こういう方と「納品の打ち合わせ」をさせていただきます。「作家を〝出入り業者〟とは何事！」とお怒りの方もおいでになりましょうが、私は商人《あきんど》の息子なので、出版社と自分の関係を「お出入り業者」と規定してしまうと楽で分かりやすいので、そう思うだけです。

作家というお出入り業者は、本社からおみえになる「仕入れ担当の若い方」とああだこうだの打ち合わせをさせていただきます。「今度はこういう商品を仕入れたい、仕入れるつもりだ」などということを、会社の内部で企画書にお書きになるのは、もちろん「仕入れ担当の若い方」で、お出入り業者の関知するところではありません。しかし、作家というお出入り業者は「人に関する想像力」と「物事に関する類推能力」で生きております。だから、分かるべきところは、「雑談」の中ででも分かります。ましてや、零細なお出入り業者は、一社だけでは食べていけません。あちらこちらにお出入りをさせていただいて「業界の現実」を知らなければ、状況に対応して生きていくことも出来ません。「状況」は横軸、「断片的な情報」は縦軸です。この両方があれば、なんとかなります。

サラリーマンはサラリーマンで、「自分達は〝サラリーマン〟という特殊な悲劇を背負わされている」などとお考えになりがちですが、サラリーマンの下には「零細なお出入り業者」もいるのです。サラリーマンの方は、「自分の会社はこんなもの」と「サラリーマンはこんなもの」だけをご存知で、「会社とはいかなるもの」をあまりお考えになりません。「それが実は、日本のサラリーマン最大の問題なのでございますよ」と書いたら、本当に原稿用紙がなくなってしまいました。

いかにも零細な終わり方でございますが、失礼いたします。

著者敬白

橋本 治（はしもと おさむ）

一九四八年、東京生まれ。作家。東京大学文学部国文科卒。七七年『桃尻娘』で講談社小説現代新人賞佳作受賞。以後、小説、評論、戯曲、古典現代語訳、エッセイ、芝居の演出等、幅広く創作活動を続ける。主な著作に『江戸にフランス革命を！』『窯変源氏物語』『ひらがな日本美術史』『二十世紀』『双調平家物語』等多数。『宗教なんかこわくない！』で第九回新潮学芸賞、『「三島由紀夫」とはなにものだったのか』で第一回小林秀雄賞を受賞している。

上司《じょうし》は思《おも》いつきでものを言《い》う

集英社新書〇二四〇C

二〇〇四年 四 月二一日 第 一 刷発行
二〇一九年一〇月二三日 第一五刷発行

著者……………橋本《はしもと》 治《おさむ》
発行者…………茨木政彦
発行所…………株式会社集英社
東京都千代田区一ツ橋二-五-一〇 郵便番号一〇一-八〇五〇
電話 〇三-三二三〇-六三九一（編集部）
〇三-三二三〇-六〇八〇（読者係）
〇三-三二三〇-六三九三（販売部）書店専用

装幀……………原 研哉
印刷所…………大日本印刷株式会社 凸版印刷株式会社
製本所…………加藤製本株式会社

定価はカバーに表示してあります。

ISBN 978-4-08-720240-3 C0295